RENUEVA TU MENTE

"Descubre el poder transformador"

DAN KENNETH **BERNAL**

Renueva tu mente

Dan Kenneth Bernal
Director de edición:
Fabián Díaz Atencio
Diseño de portada
Diomedes Erazo
Diagramación
Editorial Zoe

Impreso en EEUU

Reconocimientos

Es importante recordar siempre que nada en la vida llega a ser exitoso sin el esfuerzo unido de personas habilidosas, dispuestas a trabajar juntas y a rendir todos sus talentos, experiencias y pasión en un objetivo común.

Alguien dijo que escribir un libro es el resultado de un peregrinaje intelectual y un caminar en el cual se encuentran muchos colaboradores. Esta obra es el resultado de innumerables personas cuyos pensamientos, ideas, enseñanzas y trabajo, me han llevado al conocimiento que he plasmado en las siguientes páginas.

Primeramente, quiero reconocer a todos aquellos ministros que día a día por un largo período de tiempo han estado llevando un mensaje de reforma a la manera de pensar de las personas, trayéndonos así un mayor conocimiento que definitivamente causado un impacto en nuestras vidas. Esta obra es un poco de todo lo que han logrado.

Quiero agradecer especialmente a mi esposa Yessenia por todo el amor y apoyo que me brinda cada día, gracias por compartir tu vida conmigo.

A nuestros hijos Kevin Daniel y Jonathan (al escribir este libro Jonathan está por nacer), ustedes llenan mi vida de alegría y son mi mayor orgullo.

A mis padres los pastores Rigoberto y Khannah Bernal, gracias por su apoyo incondicional y el ejemplo que me han dado con sus vidas, entender que no hay nada más importante que servir y agradar a Dios primero que todo. Ustedes han sido una bendición grande para mi familia y ministerio. Los quiero mucho.

A mi hermano Aaron Bernal; todo hermano menor es un poco el resultado de la influencia del hermano mayor en su vida. Gracias por ser mi mejor amigo y mostrar siempre tu ayuda incondicional.

A mi tía Marlen y Carlos, les agradezco por ser de gran bendición para mi familia y ministerio, que el Señor siga llenándolos de gracia y favor.

Al equipo de producción de este libro: Marlene Ramos, Ivonne Cárdenas, Alfredo Useche y José Wilches. Sin duda este libro no fuera realidad sin todos sus esfuerzos y talentos aportados. Es un enorme privilegio poder contar con personas tan talentosas. Ustedes hacen que el proceso de escribir un libro sea más fácil. Muchas gracias por todas esas horas de trabajo y por ser parte de "Renueva tu Mente". Agradezco a Dios por sus vidas.

A la congregación que Dios me ha dado el privilegio de pastorear, y a todos los miembros del equipo de liderazgo del Ministerio Casa de Poder. Gracias por contar siempre con su apoyo y muestra de amor.

Y a Tí mi Padre celestial; sin duda, las palabras escritas por el Apóstol Pablo: "Pero por la gracia de Dios soy lo que soy", son una realidad en mi vida. Tu gracia y tu favor me rodean todos los días. Gracias por tu incomprensible amor, fidelidad y por tu obra en mi vida.

Índice

Prólogo

Ahondarse en las páginas de este libro es una reconfortante oportunidad para reafirmar los principios que las Escrituras establecen acerca de la correcta manera de pensar, hablar y ser de todo un hijo de Dios, que esté seriamente comprometido en disfrutar la vida a plenitud y en llevar a cabo el propósito eterno para el que fue creado.

Debemos reconocer que toda persona sufre de alguna manera un cierto grado de disfuncionalidad, producto de experiencias pasadas, traumas y dolencias adquiridas gratuitamente en su infancia y también por su entorno familiar, cultural y social, se registran fijaciones mentales que provocan una estructura mental incorrecta; pero es aquí, en respuesta a estos desafíos, en donde entran a ser muy pertinentes y poderosos los principios que el autor plasma en esta obra.

A través de estas páginas, Dan Kenneth nos ayuda a identificar el problema de los sentimientos mal manejados, pensamientos deformados y confesiones contradictorias, que crean pésimas actitudes y conductas improductivas que nos hacen sentir más negativos respecto a nosotros mismos.

De una forma sencilla, sincera y puntual, Dan Kenneth expone las verdades de la Palabra con un mensaje motivacional y práctico que es de capital importancia implementar en nuestro diario vivir, como resultado de una mente renovada y una actitud cambiada que nos ayuda a comprobar y cumplir la voluntad de Dios.

Conforme avancemos en las páginas de este libro descubriremos los indicadores de una nueva manera de pensar y como mantener una correcta actitud, que tenemos a nuestra disposición desde que Dios mismo nos llamó a una nueva dimensión de gloria y gracia.

Obviamente, este libro que Dan Kenneth escribe, no tendrá la última palabra sobre este asunto tan importante, pero espero que traiga un poco de luz a los que entienden lo imperativo que es cultivar y desarrollar una mente renovada. Es mi oración que éste libro que recomiendo, con toda certeza, sea de utilidad a todos los que sigan las verdades allí condensadas.

Tengo el gozo de conocer a Dan Kenneth desde su infancia, y verle hoy como un joven ministro serio, maduro y apasionado para ser parte activa de una nueva generación de reyes. Su testimonio de hijo, esposo y padre, son una muestra de las verdades que él expone en su obra y que han sido progresivamente incorporadas en su vida.

Basilio Patiño
Conferencista Internacional y Director de la Red Ministerial Apostólica REMA

Introducción

*"Porque como desciende de los cielos la lluvia y la nie-
ve, y no vuelve allá, sino que riega la tierra, y la hace
germinar y producir, y da semilla al que siembra, y
pan al que come, 11 así será mi palabra que sale de
mi boca; no volverá a mí vacía, sino que hará lo que
yo quiero, y será prosperada en aquello para que la
envié".* **(Isaías 55:10-11)**

Tuve la oportunidad de leer hace un tiempo atrás un comentario sabio que el Dr. TL. Osborn le hiciera al pastor Harold
Caballeros acerca de la importancia de la semilla escrita:

*"La semilla escrita, impresa, es la más importante de todas.
Si escribes un libro, ese libro llegará a lugares insospechados y
será de bendición a la gente una y otra vez. El diablo combate
de una forma especial al escribir; porque él sabe del poder de
la semilla impresa".*

Esta verdad acerca de la importancia de la palabra escrita,
produjo un desafío en mi vida que dio como resultado, el
libro que hoy usted está comenzando a leer.

Muchos libros se han escrito, innumerables conferencias se
han dictado y un número importante de congresos y semi-
narios se han efectuado acerca de la importancia de la renovación de la mente y el efecto que esto tiene en nuestras

vidas. Pero también es importante que recordemos siempre la siguiente verdad:

"El conocimiento o la información adquirida, no significa que haya ocurrido un cambio o renovación en nuestra mente. Lo que prueba que mi mente ha sido renovada, es que hay una transformación en mi vida, y los beneficios de esta transformación o mente renovada se van a reflejar en mi familia, matrimonio, negocio, finanzas y principalmente en mi relación con Dios".

Uno de los regalos más grandes que Dios nos ha dado es la mente; y por el gran poder creativo y destructivo que ella tiene, debemos cuidarla y administrarla de la mejor manera.

Me he documentado a través de diferentes fuentes y recursos, que estoy seguro serán de bendición y nos ayudarán a tener una mayor comprensión y entendimiento de este tema; y con el objetivo de facilitar su estudio personal, al final del libro serán colocados todos en la Bibliografía.

Creo fuertemente en mi corazón que uno de los desafíos principales que el Espíritu Santo está trayendo en este tiempo a sus ministros y líderes, es traer una reforma a la manera de pensar de la iglesia, la cual dará como resultado, el más grande movimiento de gente transformada, quienes a su vez serán un agente de transformación y cambio para otras vidas.

Dan Kenneth Bernal

Capítulo 1
ES TIEMPO DE UN CAMBIO

Capítulo 1
ES TIEMPO DE UN CAMBIO

ES TIEMPO DE UN CAMBIO

"y nadie echa vino nuevo en odres viejos; de otra manera, el vino nuevo rompe los odres, y el vino se derrama, y los odres se pierden; pero el vino nuevo en odres nuevos se ha de echar" **(Marcos 2:22)**

*E*n esta enseñanza del "vino nuevo y el odre viejo", el Señor Jesús nos hace saber acerca de la necesidad de generar una renovación en nuestra mente, que nos habilite a recibir lo nuevo de Dios para nuestras vidas.

¿Qué es un odre?

Según el Nuevo Diccionario Ilustrado de la Biblia de Wilton M. Nelson, un odre "es un recipiente hecho generalmente de cuero de cabra u oveja (especie de cantimplora); que se usaba para almacenamiento de líquidos". Se llevaba al hombro para facilitar su uso o para vender su contenido.

Los odres se dañaban con el calor y el humo, y se estiraban con el peso del líquido. El vino fermentado especialmente, hacía que el odre se estirara.

Los odres viejos representan los diferentes patrones de pensamientos y mentalidades viejas, que deben ser removidas de nuestras vidas para poder recibir el vino nuevo del Espíritu que Dios tiene preparado para nosotros.

La palabra *"renovación"* implica sustituir lo viejo por lo nuevo, cambiar lo viejo por lo nuevo. *"Cambio"*, se podría definir como hacer las cosas de una manera diferente a lo habituado, despojarse de algunas cosas en su vida y reemplazarlas con otras.

Cambiar no es fácil, pero es necesario; el éxito y el progreso de una persona, va a consistir en la capacidad que ésta pueda tener de mantenerse siempre flexible al cambio. El progreso siempre va a requerir de un cambio. Llegar al siguiente nivel implica renovar la mente. Sin embargo, una de las razones por las cuales las personas no alcanzan sus sueños y metas, es porque desean cambiar sus resultados sin cambiar sus pensamientos, lo cual jamás dará resultado.

> **"La palabra "renovación" implica sustituir lo viejo por lo nuevo, cambiar lo viejo por lo nuevo"**

George Bernard Shaw dijo: *"El progreso es imposible si no hay cambio; y los que no pueden cambiar de opinión, no pueden cambiar nada".*

El cambio es un proceso que muchas personas encuentran difícil, sin embargo, es necesario para alcanzar su destino. Si usted no está cambiando, no está creciendo.

18

En su libro, *"Desarrolle el líder que está en usted"*, John C. Maxwell dice:

"No hay nada más difícil de hacer, más peligroso de llevar acabo, o más incierto en cuanto al éxito, que introducir cambios en nuestras vidas".

"Si usted no está cambiando, no esta creciendo"

Algún tipo de cambio, en cualquier área de nuestra vida, va a enfrentar resistencia y oposición, y la forma de pensar (mentalidad) no está exenta a esto.

Algunas razones por las que las personas no desean cambiar son:

- **Sienten temor a no poder cambiar.** "Si usted tiene temor, el cambio no ocurrirá, porque usted no iniciará el proceso". El temor le detendrá a tomar riesgos.

- **Perciben la necesidad de cambiar como una señal de debilidad.** "Las personas no quieren admitir sus debilidades, ellos se engañan y creen que no tienen necesidad de cambiar".

- **No quieren salir de su zona de comodidad.** Las personas prefieren quedarse en una zona de comodidad en la que están acostumbrados a estar, aunque esta sea la causante de su poco avance y progreso.

- **La soberbia:** "Yo no necesito cambiar". La soberbia y la arrogancia, siempre van antes de la caída. (**Proverbios 16:18**).

19

- **La rebelión:** "Yo no quiero cambiar". Las personas son conscientes que están equivocadas, sin embargo, se resisten a cambiar.

- **La flojera:** "No tengo ganas de cambiar".

- **La ignorancia:** Muchas personas no entienden la necesidad del cambio.

- **La procrastinación:** es la acción de postergar actividades o situaciones que uno debe atender, por otras situaciones irrelevantes y de menor importancia.

Ahora, es importante entender que el "cambio" o "renovación de la mente" no es un suceso, sino un proceso. A todos nos gustan los sucesos, "que ocurra ya", "que suceda ahora mismo", pero la verdad es que la renovación es un proceso que toma un tiempo en llevarse a cabo o realizarse en nuestras vidas.

"Nadie cambia su manera de pensar de la noche a la mañana"; que bueno sería que los esposos, padres, jefes de trabajo, líderes, y muchas otras personas en posiciones de influencia entendieran esta verdad".

Usted no se acuesta una noche pensando de una manera y cuando se levanta al día siguiente amanece pensando de otra.

La renovación es un proceso de cambio y de transformación que tiene que ocurrir a diario en nuestras vidas; todos nosotros tenemos que estar siempre en un proceso de renuevo; **lo**

que no se renueva, corre el riesgo de estancarse. Yo le he dicho a la iglesia muchas veces que necesitamos mantenernos siempre en ambientes y atmósferas en donde estemos aprendiendo algo nuevo, porque todo lo que sabemos es lo que hemos aprendido, y todo lo que hemos aprendido no es todo lo que hay por conocer; esta verdad me hace estar siempre en un proceso de renuevo y cambio constante.

Charles Exley, jefe ejecutivo de la corporación NCR, dijo: *"He estado en el mundo de los negocios durante treinta y seis años. He aprendido mucho, y la mayor parte de eso ya no se aplica más".*

Entonces no puede existir un cambio en nuestras vidas sino hay una renovación o cambio de nuestra mente primero. **No podemos esperar resultados diferentes o positivos, si primero no se efectúa un cambio en la forma de pensar.**

Albert Einstein dijo:

"Para que cualquier cosa suceda, primero hay que hacer algo". Ese algo que Einstein menciona se llama "cambio".

El cambio es lo que se encuentra en el medio, entre el estado actual donde te encuentras y el estado deseado al que te propones llegar. William James dijo:

"El más grande descubrimiento de mi generación, es que los hombres pueden cambiar sus circunstancias, modificando su actitud mental".

He escuchado muchas veces a personas decir: "si tan solo mi circunstancia cambiara, si tan solo tuviese aquella oportunidad, si tan solo mi posición social y económica fuese diferente y la verdad del asunto es que si tan solo su mente cambiara, su vida fuera diferente.

"Cambio es lo que se encuentra en el medio entre el estado actual donde te encuentras y el estado deseado al que te propones llegar"

La calidad de vida de una persona tiene muy poco que ver con sus circunstancias externas, y mucho con su actitud personal y su manera de pensar.

La Biblia dice que no son las circunstancias las que determinan tu calidad de vida, sino la decisión que tengas frente a ellas. Tu mente es el centro de control de tu vida; **cambia tu mente y tu vida cambiará.** El deseo de cambiar es fundamental para el crecimiento en nuestras vidas. Lamentablemente, la mayoría de la gente desea mejorar, pero al mismo tiempo se oponen al cambio.

En cuanto a nuestra relación con Dios se refiere, no podemos ir a otros niveles de intimidad y revelación, si primero no se gesta una renovación en nuestra mente. No podremos experimentar niveles mayores de autoridad y unción, si no ocurre una reforma a nuestra manera de pensar. No entraremos en dimensiones más profundas del Espíritu, si esas mentalidades viejas que impiden el mover libre del Espíritu no son removidas de nuestras cabezas.

En su libro *"Un Continente en busca de un Líder"*, el Dr. José Batista nos describe el proceso de cambio de la siguiente manera: *"El cambio no es aprender, es desaprender; el desaprender produce sufrimiento, puesto que la lucha contra las grabaciones neurofisiológicas grabadas por las experiencias, los refuerzos y las consideraciones, mantienen a la persona atada a la realidad presente. Aprender, es el ejercicio de seguir avanzando en la realidad conocida, que como no hace reto al sistema neurofisiológico, no produce sufrimiento, por lo tanto, no se rechaza. El problema es serio cuando aquél que es confrontado con la nueva realidad, que demanda un cambio, está totalmente desarmado para dicho cambio puesto que se niega a sufrir"*.

Parte del proceso de cambio y renovación de la mente, sin duda, implica también el desaprender. Muchas veces el conocimiento adquirido o la información aprendida se vuelve un obstáculo para este.

"No podremos experimentar niveles mayores de autoridad y unción, si no ocurre una reforma a nuestra manera de pensar"

Los seres humanos por naturaleza nos apoyamos en métodos y sistemas que nos funcionaron en un tiempo pasado, pero que en el presente no solo no sirven, sino que estorban.

Lo que Jesús le dijo a Nicodemo, un experto en la ley Judía, acerca de "nacer de nuevo" nos sirve de aplicación para esta verdad **(Juan 3:3)**; lo que Jesús le

23

estaba diciendo era: "Nicodemo necesitas volver a empezar, lo que has aprendido hasta ahora no es bueno y tampoco de gran ayuda"; por tal razón, es importante que nuestra mente se mantenga siempre abierta y disponible para el proceso de renovación y cambio que el Espíritu Santo está haciendo en este tiempo en nuestras vidas; y que dará como resultado una poderosa manifestación de los propósitos y designios que Dios tiene preparados para nosotros en estos tiempos.

Hay algo que es importante dejar bien en claro siempre, la renovación de nuestra mente nada tiene que ver con la salvación eterna. La salvación está basada en la obra redentora de nuestro Señor Jesús en la Cruz del Calvario; todo lo que usted tiene que hacer es arrepentirse, creer y confesar a Cristo como su Señor y Salvador; **Romanos 10: 8-10** declara: *"mas ¿qué dice? cerca de ti está la palabra, en tu boca y en tu corazón. Esta es la palabra de fe que predicamos: que si confesares con tu boca que Jesús es el Señor, y creyeres en tu corazón que Dios le levantó de los muertos, serás salvo. porque con el corazón se cree para justicia, pero con la boca se confiesa para salvación"*. Si su fe y su confianza están puestas en esta verdad, la salvación ya es parte de su vida; usted tiene seguridad eterna y cuando usted muera irá al Cielo. Pero también es importante señalar que mucha gente que ha hecho a Cristo el Señor y Salvador de su vida, irán al cielo, pero aquí en la tierra no disfrutarán a plenitud total del buen Plan que Dios tiene para sus vidas, por no haber renovado su mente a la mente de Dios (su Palabra).

24

Cuando el Señor Jesús declaró en *Juan 10:10* *"el ladrón no viene sino para hurtar y matar y destruir; yo he venido para que tengan vida, y para que la tengan en abundancia"*, esa verdad comprendía todas las áreas de nuestra vida; el Señor Jesús no vino solamente a morir por nuestros pecados, sino que también vino a darnos un estilo de vida mayor y superior que nadie podría ofrecernos.

Lo que Cristo hizo para mí y por mí en la cruz, contenía todo lo que iba a necesitar siempre hasta el tiempo de la eternidad en los aspectos físicos, espirituales, materiales y emocionales; así que vamos a renovar nuestra mente y empecemos a disfrutar de los grandes beneficios que el Señor Jesucristo logró para todos nosotros.

Es importante que recordemos siempre que Dios nos ha dado el poder para cambiar. **(2 Timoteo 1:7)**

Poder, es la habilidad de cambiar y obtener así mejores resultados. El enemigo tratará de usar sus circunstancias y emociones para hacerle creer que no tiene poder; pero la Palabra dice que usted lo tiene. Usted no tiene que temer creyendo que no puede cambiar; el poder para cambiar está dentro de usted.

Para concluir este capítulo quiero recordar las palabras sabias que un anciano y guía espiritual del medio oriente una vez dijo:

"De joven fui revolucionario y mi oración permanente a Dios era: Señor, dame la energía para cambiar el mundo. Cuando llegué a la madurez y vi que había pasado la mitad de mi vida sin cambiar a una sola alma, mi oración se transformó en: Señor, dame la gracia de cambiar a los que estén en contacto conmigo, solo a mi familia y amigos, y estaré satisfecho. Ahora que soy viejo y mis días están contados, he comenzado a entender cuán necio he sido. Mi única oración ahora es: Señor, dame la gracia de cambiar yo mismo. Si hubiera orado así desde el principio no hubiera desperdiciado mi vida.

¿Consideras que desde que crees en Cristo tu mente ha sido renovada?

_____
_____
_____
_____
_____
_____
_____
_____
_____
_____
_____
_____
_____
_____

¿Qué cambios has iniciado en tu vida con el fin de llegar a ser parecido a Cristo?

_____
_____
_____
_____
_____
_____
_____
_____
_____
_____
_____

"Tu mente es el centro de control de tu vida; cambia tu mente y tu vida cambiará"

Capítulo 2
LA MENTE DE REINO

LA MENTE DE REINO

"En aquellos días vino juan el bautista predicando en el desierto de judea, 2 y diciendo: arrepentíos, porque el reino de los cielos se ha acercado". (Mateo 3:1-2)

Después de cuatrocientos años de silencio, Dios levanta entre los hombres a un profeta llamado Juan el Bautista; desde los lugares menos pensados comenzó él a proclamar los principios y verdades del Reino de Dios. Juan comenzó diciendo que el Reino de los Cielos ya no iba a estar más distante y lejano, sino que comenzaba una nueva dispensación celestial sobre la tierra, donde la gente iba a poder ver el Reino de Dios manifestado entre ellos y al alcance de todos. Jesús cuando comenzó su ministerio, también anunció lo mismo que Juan. La primera declaración registrada de Jesús, al comenzar su ministerio público está dirigida directamente a nuestra necesidad de pensar y actuar en un concepto de "Reino" principalmente.

"El tiempo se ha cumplido, y el reino de Dios se ha acercado; arrepentíos, y creed en el evangelio". (Marcos 1:15)

31

De todas las explicaciones de este versículo que he escuchado y leído, la interpretación que el Pastor Harold Caballeros da en su libro "El Poder Transformador del Evangelio de Jesucristo", creo que es la más acertada y específica, y para que tengamos una mayor comprensión de lo que Jesús estaba diciendo procederé a citarlo:

"Esta frase, aparentemente sencilla, contiene tres piezas de información vital para el creyente. La primera dice que Jesús anunció un cambio de tiempo; una dispensación llegaba a su fin y otra se iniciaba.

La segunda nos dice, que como consecuencia a que *"el tiempo se ha cumplido"*, el Reino de Dios se ha acercado. Y la tercera, que tiene que ver directamente con nosotros, añade que debido a que el tiempo se ha cumplido, y que el Reino se ha acercado, se espera de nosotros una reacción que tiene dos partes: una es *"arrepentíos"* y la otra *"creed en el Evangelio"*.

La palabra *"arrepentíos"* en el griego es *"Metanoéo"* que quiere decir: *"retractarse de alguna forma de pensar establecida y corregirla por una mejor manera"*.

Su significado literal del griego, denota una situación en la que, en un trayecto, se ha tenido que volver del camino en que se andaba y tomar otra dirección. Refleja un cambio completo de mentalidad.

Jesús lo que estaba diciendo era: arrepentíos (*metanoéo*), ustedes tienen un pensamiento errado, cambien su manera de pensar, porque el Reino de los Cielos se ha acercado, y para poder vivir de acuerdo a los principios del Reino, y gozar los beneficios del mismo, es necesario renovar nuestro entendimiento (cambiar de mentalidad), porque la manera de operar del mundo es opuesta a la manera de operar del Reino de Dios. Tienen dos conceptos y prioridades diferentes.

El reino de las tinieblas (sistema del mundo), está para engañarnos y destruirnos; en cambio, el Reino de Dios, en cambio, es luz, vida y verdad.

La palabra *"evangelio"* en el griego significa *"buenas nuevas"* o *"buenas noticias"*. Según esta definición, toda buena noticia es un "evangelio".

Si yo le informara que hay cura para su enfermedad, eso sería un "evangelio", una buena noticia para usted. Las buenas nuevas que Jesús traía eran el establecimiento del Reino de Dios; este iba a ser la respuesta a todas las necesidades del hombre. El propósito del Reino de Dios es establecer aquí en la tierra, el orden divino que existe en el cielo; es decir, vivir aquí en la tierra de acuerdo a los valores y leyes que se rigen en el cielo.

Mucha gente piensa que Jesús vino a traernos una religión más, y es importante recordar que en ese tiempo ya se tenían las influencias de las grandes religiones como el brahmanismo o hinduismo, el budismo, el confucionismo, el taoísmo (sistema religioso de China) y otras más; pero al contrario, Él vino para acabar con un sistema religioso equivocado, que no estaba funcionando, para establecer un estilo de vida superior, que es la "Vida de Reino".

El Reino de Dios no iba a ser un lugar geográfico, un país determinado o un sistema político como muchos pensaban, el Reino de Dios venía a ser un estilo de vida; Jesús lo estableció y manifestó, nosotros los creyentes (su iglesia) tenemos que extenderlo y evidenciarlo con nuestras vidas.

Algunos de los principios de Reino que Jesús estableció son: Justicia - Paz - Gozo – Amor al Prójimo - Perdonar - Bendecir y no Maldecir - Bondad – Integridad - Honestidad - y muchos otros más. (Romanos 14:17-19, Marcos 12:31-34, Mateo 18:23-35, Mateo 5:44)

> **"El propósito del Reino de Dios es establecer aquí en la tierra, el orden divino que existe en el cielo".**

Cada vez que alguien aplica alguno de estos principios y valores, empieza a vivir aquí en la tierra como en el Cielo; de hecho, el 80% de los problemas que nosotros tenemos que enfrentar a diario, son porque de alguna manera hemos violado estos principios del Reino.

La medicina ha descubierto que cuando vivimos de acuerdo a dichos principios del Reino, esto va a traer salud a nuestro cuerpo. Por ejemplo: cuando amamos y perdonamos a otras personas, nuestros organismos, células y tejidos se vuelven más sanos y fuertes; nuestras células están reaccionando a los principios del Reino.

La ciencia ha descubierto que una persona que siempre está enojada, tiene ira, está llena de rencor y siempre está molesta, es propensa a sufrir de problemas digestivos y a desarrollar úlceras estomacales. Nosotros nos destruimos a nosotros mismos cuando vivimos en contra de los principios del Reino de Dios.

El Pastor Eduardo Pérez, en su libro "El Proceso hacia la Vida Abundante", hace una serie de comparaciones entre el modo de operar del sistema del mundo (Cosmos) y el modo de operar del Reino de Dios; permítame citar algunas diferencias claras:

"En el mundo se dice, "ojo por ojo," pero en el Reino, tengo que poner la otra mejilla". **Mateo 5:38-41.**

"En el mundo, cuanto más doy, menos me queda. Sin embargo, en el Reino de Dios, cuanto más doy más me dan, y si retengo más de la cuenta, más me quitan". **Proverbios 11:24 y Mateo 10:39.**

"En el mundo, si lo veo lo creo; pero en el Reino, si no lo creo, no lo podré ver". **Juan 11:40**

"En el mundo se proclama cuando haces lo bueno y se calla lo malo; pero en el Reino se confiesa lo malo y se guarda silencio cuando haces lo bueno". **Mateo 6:1.**

"En el mundo, el mayor se enseñorea del menor; pero en el Reino, el mayor es el que se hace el menor. Si

quieres ser el primero, debes ser el último. **Marcos 9:33-37".**

Entonces Jesús vino a enseñarnos y a demostrarnos a través de su vida una serie de principios y leyes por las cuales el Reino de Dios sería establecido aquí en la tierra; estos principios y verdades eternas nunca dejarán de funcionar ni cambiarán, y no hace acepción de personas. Cada vez que una persona, familia, sociedad o país aplica algunos de estos principios; ellos van a gozar y disfrutar los beneficios que el Reino de Dios ofrece.

Como pastor he tenido la oportunidad de ver muchas veces, personas no creyentes (que no tienen una relación personal con Cristo), poner en práctica estas verdades eternas y gozar de sus beneficios; pero también he podido ver lamentablemente, creyentes que han confesado a Cristo como su Señor y Salvador, sin embargo, no ponen en práctica estos principios y como resultado, no reciben los beneficios que el Reino de Dios nos ofrece.

"Cada vez que una persona, familia, sociedad o país aplica algunos de estos principios; ellos van a gozar y disfrutar los beneficios que el Reino de Dios ofrece"

¿Sabe por qué? Porque usted puede ser un creyente nacido de nuevo y todavía estar operando según los patrones y principios del sistema del mundo (Cosmos) y no los del Reino. Déjeme darle un ejemplo: Usted sabe cuantas veces se ha enseñado y predicado en la iglesia sobre la verdad liberadora del perdón en su vida, sin embargo, muchos creyentes, a pesar de tener un conocimiento amplio de lo que esto implica, toman la decisión de no perdonar a sus ofensores; y como consecuencia, cosechan los resultados que el sistema del mundo nos ofrece (rencor, odio, pleito raíces de amargura, etc). Por esta razón, es de suma importancia que las personas transformen su mente por medio de la renovación de su entendimiento para poder así operar con base a los principios del Reino y establecer verdaderamente la "Vida de Reino" en nuestra mente.

"No temáis, manada pequeña, porque a vuestro Padre le ha placido daros el reino". (Lucas 12:32).

¿Cuál es el Propósito del Reino de Dios aquí en la tierra?

_____
_____
_____
_____
_____
_____
_____
_____
_____
_____
_____
_____
_____

¿Consideras que vives los principios del reino en tu vida?

_____
_____
_____
_____
_____
_____
_____
_____
_____
_____

Capítulo 3
¿POR QUÉ PIENSO COMO PIENSO Y ACTÚO COMO ACTÚO?

¿POR QUÉ PIENSO COMO PIENSO Y ACTÚO COMO ACTÚO?

"esto, pues, digo y requiero en el señor: que ya no an-
déis como los otros gentiles, que andan en la vanidad
de su mente, teniendo el entendimiento entenebreci-
do, ajenos de la vida de Dios por la ignorancia que
en ellos hay, por la dureza de su corazón; en cuanto
a la pasada manera de vivir, despojaos del viejo
hombre, que está viciado conforme a los deseos enga-
ñosos, y renovaos en el espíritu de vuestra mente"

(Efesios 4:17-18;22-23)

En el capítulo anterior habíamos mencionado que hay muchos creyentes que tienen una relación con Dios y han hecho a Cristo su Señor y Salvador, pero cuando vemos sus vidas, estas no son un reflejo de la verdad de los principios del Reino de Dios operando en ellas; porque aunque ellos aceptaron a Cristo y decidieron tener una relación perso- nal con Él, todavía no han renovado su entendimiento a las verdades eternas del Reino, y siguen pensando, actuando y viviendo de acuerdo a los patrones de funcionamiento del sistema del mundo. El apóstol Pablo en el versículo anterior

41

nos da una exhortación a que efectuemos un cambio integral y completo en nuestras vidas, que se llevará a cabo por medio de la renovación de nuestra mente y espíritu.

En su "Comentario Bíblico", Matthew Henry señala lo siguiente de este versículo: *"Pablo habla de la renovación de la mente, porque el cambio de vida ha de reflejarse primera y principalmente en una nueva mentalidad, puesto que la conducta no es sino la exteriorización de las convicciones que llevamos dentro. Esa nueva mentalidad es la que puede captar las cosas de Dios".*

Ahora bien, para poder entender correctamente todo esto de la *"renovación de la mente"*, es necesario ir al comienzo de todo, "la composición integral del ser humano"; y para tener una comprensión correcta de esto, veamos que nos enseña la Palabra de Dios.

> *"y el mismo Dios de paz os santifique por completo; y todo vuestro ser, espíritu, alma y cuerpo, sea guardado irreprensible para la venida de nuestro Señor Jesucristo".* **(1 Tesalonisenses 5:23)**

Las escrituras nos revela claramente en este pasaje, que el ser humano es un ser tripartito; esto quiere decir que está formado de espíritu, alma y cuerpo.

La composición del ser humano

1. Espíritu: *Pneúma*= Soplo.

Es donde establecemos conexión y comunión con Dios; es la parte divina y donde ocurre la regeneración espiritual.

2. Alma: *Psyche*= Mente.

Es la manifestación de la personalidad; aquí se encuentran nuestras emociones, sentimientos y pensamientos; esta es el área que necesita ser renovada y transformada.

3. Cuerpo: *Soma*= Materia. Es la parte corporal o física del ser humano.

Usted es un espíritu que tiene un alma y vive en un cuerpo. El espíritu es donde nacemos de nuevo, ahí ocurre lo que la Palabra del Señor llama "regeneración espiritual". En el espíritu, también es donde establecemos nuestra comunión con Dios. El alma por otro lado, se compone de voluntad, emociones y pensamientos (la mente). Y por último, tenemos nuestro "cuerpo" que es la parte física por la cual nos contactamos con el mundo a través de los cinco sentidos.

Cada vez que una persona hace a Cristo el Señor y Salvador, la Escritura nos muestra que ocurre una serie de cambios en su vida:

- *Es hecho hijo de Dios (**Juan 1:12**).*

- *Es redimido y perdonado de todos sus pecados (**Colosenses 1:14**).*

- *Es libre de toda condenación y maldición (**Romanos 8:1, Gálatas 3:13**).*

- *Viene a convertirse en templo de Dios y morada de su espíritu (**2 Corintios 3:16**).*

- *Es justificado y está en paz con Dios nuevamente (**Romanos 5:1**).*

Toda esta serie de cambios y muchos otros más, como ya hemos mencionado, son el resultado de la regeneración espiritual o nuevo nacimiento. Aunque esta experiencia espiritual afecta las tres áreas de nuestra vida (espíritu, alma y cuerpo), principalmente se lleva a cabo y ocurre en el espíritu; sin embargo, nuestra mente queda prácticamente igual, de ahí la importancia que la Palabra de Dios da a la transformación de la mente por medio de la renovación del entendimiento, porque nuestra forma de pensar ha estado funcionando y operando toda la vida de acuerdo a los patrones y principios del sistema del mundo. Por ejemplo: "Antes de conocer a Cristo lo más seguro es que usted sentía cierto cariño, amor y afecto por sus familiares, amistades y algunas personas cercanas a usted; pero, por otro lado, también es probable que usted tenía personas en su vida por las cuales sentía cierta molestia, incomodidad y quizás no eran de su mejor agrado.

Después que usted aceptó a Jesús como su Señor y Salvador, y ocurre el nuevo nacimiento, estos pensamientos y sentimientos de seguro permanecieron igual; si usted quiere cambiar su forma de pensar acerca de estas personas, debe renovar su entendimiento; claro está que ahora tenemos la ayuda del Espíritu Santo, pero al final el que tiene que tomar la decisión de cambio es usted".

El "nuevo nacimiento" es dado por obra y gracia del Espíritu Santo en nuestras vidas y a su vez nos abre las puertas de la vida eterna o salvación, pero la renovación de la mente es nuestra responsabilidad y es la que nos conducirá a vivir en triunfo y éxito mientras estemos en la tierra.

A continuación, quiero mencionar algunas de las principales influencias que han estructurado nuestra forma de pensar:

Principales influencias en nuestra forma de pensar

1. Experiencias del pasado
2. Influencias familiares
3. (Padres, hermanos, abuelos, etc.)
Así soy y así pienso de la vida, familia y mi relación con Dios.
4. Religión. (Sistema de creencias acerca de Dios)
5. Cultura y lugar de crecimiento. (País, comunidad, vecindario, etc)
5. Amistades
6. Influencias de los medios de comunicación. (Televisión y radio)

Proverbios 23:7

Pensamiento→ Creer → Ser

1. Nuestras experiencias del pasado: Ha escuchado usted mencionar alguna vez la frase "No hay nada mejor que la experiencia ... me imagino que si, pero permítame decirle algo, aunque la experiencia del pasado muchas veces es importante y necesaria, también es cierto que esta misma experiencia puede ser un obstáculo e impedimento para poder pensar y actuar en el día presente de la manera correcta.

Una mala experiencia, procesada de la forma incorrecta, nos puede llevar a tener un enfoque limitado, equivocado y distorsionado de la vida. Déjeme darle un ejemplo: "Conozco a personas que en el pasado realizaron malas inversiones y tuvieron una pérdida considerable de dinero, y esta experiencia los ha llevado a que el día de hoy se encuentren escépticos a cualquier tipo de inversión, desaprovechando así oportunidades muy buenas que les darían unos grandes resultados". Otro ejemplo que es muy común, es el de personas que en el pasado tuvieron relaciones sentimentales traumáticas y dolorosas, y esta experiencia pasada está limitando y distorsionando su visión presente del verdadero significado y valor de una relación estable, saludable y llena de amor. Sólo he mencionado dos aspectos, el económico y el sentimental (amoroso), pero usted puede aplicar esto para cualquier área de su vida. La experiencia del pasado, muchas veces puede resultar ser nuestro más grande

> "La experiencia del pasado, muchas veces puede resultar ser nuestro más grande enemigo"

46

enemigo para el proceso de renovación y cambio de nuestra mente.

2. Influencias familiares: Si usted que está leyendo este libro tiene la influencia latinoamericana en su vida, quizás haya oído alguna vez la frase que dice: "Hijo de tigre, sale rayado"; esta frase se utiliza para denotar el gran poder de influencia que tienen los padres sobre la vida de sus hijos.

De todas las seis influencias en nuestra forma de pensar que vamos a ver, creo con toda certeza que la influencia familiar y las experiencias del pasado componen alrededor del sesenta por ciento, o incluso más de nuestra estructura de pensamiento (mentalidad). De ahí vemos la importante responsabilidad que tenemos como padres de instruir y educar a nuestros hijos de la manera correcta y adecuada. Mire lo que nos enseña la Escritura acerca de esto:

"instruye al niño en su camino, y aun cuando fuere viejo no se apartará de él". (Proverbios 22:6)

Este versículo está en la versión más conocida Reina Valera 1960 (RV1960); pero quiero que mire cómo lo dice la Biblia "Dios habla hoy":

"dale buena educación al niño de hoy, y el viejo de mañana jamás la abandonará"

Quiero aclarar algo importante, la gran mayoría de veces cuando las personas utilizan este versículo lo hacen para referirse a la instrucción del niño sólo en el área espiritual o de la fe; pero este versículo no está limitado solo a eso, si pudiese haber otra versión,

Dan Bernal diría algo así:

"En todas las áreas que enseñes y eduques a tus hijos (espiritual, financiera, social, moral, educativa etc.), cuando estos lleguen a la etapa madura, estas verdades se mantendrán firmes y presentes en sus vidas, aunque los padres lleguen a faltarles"

Cuando se habla de instruir y enseñar a nuestros hijos, es importante que recordemos siempre las palabras sabias de Viola Ziglar: *"Los niños prestan mas atención a lo que hacemos que a lo que decimos"*.

Ahora bien, cuando se habla de la familia y especialmente de los padres, hay que tener mucho cuidado porque la intención no es ofender, agredir y mucho menos menospreciar lo recibido de parte de ellos, pero también es necesario si queremos que ocurra un cambio verdadero en nuestras vidas, que reconozcamos que no todo lo aprendido de nuestros padres o familiares ha sido lo correcto; ellos con mucho amor nos pudieron haber enseñado bien, equivocadamente (de la manera incorrecta), ya sea porque sus experiencias de la vida los llevaron a pensar de esa manera o porque así fue como ellos también aprendieron de sus respectivos padres.

Las experiencias del pasado nos pueden llevar a tener una visión distorsionada y equivocada de la vida.

Lo importante y clave de todo esto para concluir este punto, es saber que los patrones de pensamiento familiares (correctos e incorrectos), se traspasan generalmente a la siguiente generación y así sucesivamente.

3. Influencias religiosas: Cuando hablamos de religión, nos referimos al sistema de creencias que se tienen (correctos e incorrectos) acerca de Dios.

Definitivamente, los principios de fe, van a afectar la forma de pensar de un individuo radicalmente; y aunque la religión muchas veces ha aportado un significante número de valores y virtudes a las personas, también es importante señalar que muchos conceptos o creencias religiosas no están de acuerdo a los principios eternos del Reino de Dios. Para nadie es algo nuevo que en el nombre de Dios se han cometido un sinnúmero de atrocidades y actos vergonzosos, en los cuales dudo que Dios tenga algo que ver; por consiguiente, este tipo de creencias nos van a llevar a tener conceptos equivocados acerca de Dios, de la vida y por último de nosotros mismos.

4. La cultura: La conducta del ser humano en gran parte es producto de la cultura existente en la sociedad a la que pertenece, por tanto, esta va a determinar en gran medida la forma en la que cada persona piensa, cree y actúa. Un ejemplo sencillo de esta verdad es, que todos los seres humanos sienten hambre, pero el cómo, cuándo, dónde y qué comer para satisfacer esa necesidad, varía de una sociedad a otra. Entonces podemos ver claramente el poder que tiene la cultura para influir en nuestra forma de pensar. Es importante también reconocer que aunque la cultura nos ha dado conceptos correctos y positivos de la vida, también esta misma es la causante del poco progreso y avance de ciertos patrones de conducta, comportamiento y pensamiento. Déjeme darle un ejemplo claro: "Hay culturas, donde el trato que se les da a las mujeres no es el debido, esto va a dar como consecuencia la formación de patrones de pensamiento equivocados en las mujeres de esta sociedad".

5. Amistades: Un individuo es la suma de todas las personas que ha conocido y de las que ha aprendido algo. Creo yo, que la gran mayoría de personas tienen un conocimiento amplio del poder de influencia que las amistades ejercen sobre ellos, pero lamentablemente muy pocos viven su vida conscientes de esto.

Alguien dijo una vez que las amistades son como el elevador, o te suben o te bajan, pero nunca te dejan igual. Mire lo que las Escrituras nos dicen acerca de esto:

*"no se dejen engañar: "las malas compañías corrompen las buenas costumbres" **(2 Corintios 15:33 NVI).***

Las amistades o te acercan a Dios o te alejan de Él; o te motivan a renovar y cambiar tu mente o son la causa del atraso mental; nunca menosprecie el gran poder de influencia que las amistades tienen sobre su forma de pensar; escoja bien con quien va a compartir su vida y su tiempo, porque esto va a ser importante para su éxito futuro.

"el que anda con sabios, sabio será; mas el que se junta con necios será quebrantado." **(Proverbios 13:20)**

6. Los medios de comunicación: Los medios masivos de comunicación se han convertido, como nunca antes, en una herramienta de persuasión agresiva sobre las personas, provocando así una modificación en su conducta, costumbres y principalmente en su forma de pensar. El enfoque principal de los medios de comunicación es el de informar, enseñar y entretener; estoy consciente que en el día de hoy más es lo que no se debe ver y oír, que lo que sí podemos hacer; ciertas cosas que hace un tiempo atrás eran un escándalo para la sociedad, en el día de hoy son permitidas bajo el término de la "modernización", pero por esa razón no podemos decir que todos los avances modernos han sido malos, todo extremo es peligroso.

Lo importante de todo esto es poder reconocer qué clase de información, enseñanza y entretenimiento estamos permitiendo que reciba nuestra mente, y poder elegir sabiamente lo que mejor nos convenga.

Como usted habrá notado, nuestros patrones de pensamiento y estructuras mentales han sido formados principalmente por estas seis influencias que hemos mencionado. Usted y yo somos el día de hoy, el resultado final del efecto que estas han tenido en nuestra vida.

51

Es de suma importancia que nosotros tengamos un conocimiento claro, que el enemigo de nuestras almas, como la Palabra de Dios lo llama, "Satanás", sabe bien cómo controlar y manipular cada una de estas influencias (experiencias del pasado, amistades, cultura, etc.), para colocar pensamientos equivocados, negativos y erróneos y así poder introducir una visión completamente distorsionada de la vida en nuestra mente.

Lamentablemente, hay millones de personas que no creen en el diablo (Satanás). Yo quiero decirle que así como Dios es real, el diablo es un enemigo real. La mayor mentira que él le ha hecho creer a la raza humana, es que él no existe, y de esa manera destruye, roba y mata sin ser descubierto.

Nosotros no podemos estar ignorantes del conflicto mental (que a la vez es espiritual), que cada uno de nosotros tenemos que enfrentar a diario respecto a nuestros pensamientos. El arma más poderosa de Satanás es la ignorancia, lo que no sabemos es lo que nos está matando. El antídoto contra la ignorancia es el conocimiento. El conocimiento viene por la verdad, y la verdad trae liberación.

De lo visto en este capítulo, ¿qué ha influenciado tu manera de pensar?

_____
_____
_____
_____
_____
_____
_____
_____
_____
_____
_____
_____
_____

¿Cómo se compone el ser humano?

_____
_____
_____
_____
_____
_____
_____
_____
_____
_____

"En todas las áreas que enseñes y eduques a tus hijos, cuando estos lleguen a la etapa madura, estas verdades se mantendrán firmes y presentes en sus vidas, aunque los padres lleguen a faltarles"

Dan Bernal

Capitulo 4

LA IMPORTANCIA DEL PENSAMIENTO

LA IMPORTANCIA DEL PENSAMIENTO

"Porque cual es su pensamiento en su corazón, tal es él."
(Proverbios 23:7)

*L*a Palabra de Dios declara enfáticamente que usted y yo somos el resultado de la suma de nuestros pensamientos, y no podemos comportarnos ni un minuto de una manera diferente a nuestra forma de pensar.

Lo que pensamos, va a definir lo que somos y lo que somos, va a determinar lo que hacemos. Todos nuestros pensamientos se van a manifestar en nuestras creencias, se expresarán a través de nuestras palabras, para al final reflejarse por completo en nuestra conducta y comportamiento.

Earl Nigthingale dijo: *"Te convertirás en aquello en lo que piensas constantemente. Cada día, cada minuto, cada segundo de tu vida estás construyendo tu futuro con tu manera de pensar"*

No hay nada más poderoso que una idea. Las ideas crearon, y ahora controlan el medio en que vivimos. Cuando una idea es concebida, se le llama pensamiento. El Dr. Camilo Cruz define el pensamiento de esta manera: *"Un pensamiento es una sustancia concreta, que produce resultados específicos y afecta nuestra mente y cuerpo de maneras muy precisas".* Todo se genera a partir de un pensamiento, nada hacemos que primero no lo hayamos pensado.

Todas las grandes ideas y descubrimientos tuvieron su origen en un pensamiento. Ralph Waldo Emerson dijo: *"El pensamiento es la semilla de la acción".*

> **"Todo se genera a partir de un pensamiento, nada hacemos que primero no lo hayamos pensado"**

El profesor de la Universidad del Estado de Georgia, David J. Schwartz dice: *"En lo que se refiere al éxito, no se mide a las personas en gramos, centímetros, títulos universitarios o antecedentes familiares, se les mide por el tamaño de lo que piensan".*

Nuestros pensamientos son creativos. En su libro *"Hay mucho más sobre el secreto",* el pastor Ed Gungor declara la siguiente verdad acerca del poder creativo de nuestros pensamientos:

"Los pensamientos se convierten en cosas. Estas palabras tienen poder creativo intrínseco. El primer acontecimiento creativo que se registró alguna vez ocurrió en Génesis 1: Dios creó el universo con una orden, con sus palabras. Las palabras son simplemente pensamientos expresados. El universo está aquí porque Dios pensó en él. Estamos aquí porque Dios pensó en nosotros. Puesto que somos las únicas criaturas en el mundo creadas a la semejanza del Señor, nosotros también podemos pensar de modo creativo, es decir, podemos participar en suce-

sos creativos, por supuesto, tal vez no podamos crear sistemas solares o hacer cosas de la nada, pero la capacidad creativa fue puesta en nuestras almas por el Creador mismo, y todo el proceso sucede en el dominio de los pensamientos".

Mucho se ha hablado acerca del poder de la confesión en nuestra vida, pero toda declaración de nuestra boca tiene su origen en nuestros pensamientos (mentalidad). Mire lo que Jesús dijo de esto:

> *"Generación de víboras! ¿cómo podéis hablar lo bueno, siendo malos? porque de la abundancia del corazón habla la boca. El hombre bueno, del buen tesoro del corazón saca buenas cosas; y el hombre malo, del mal tesoro saca malas cosas".* (**Mateo 12:34-35**)

Cuando Jesús habla en este versículo del corazón, lo hace para referirse a nuestra mente. Esa palabra corazón en el griego es *"Kardía"*, que denota "los pensamientos o sentimientos". Nuestras confesiones son el resultado de todo lo que hay depositado en nuestra mente.

Quiero recordarle algo importante con respecto a la importancia de nuestras palabras. La Biblia dice: *"La muerte y la vida están en poder de la lengua"* (*Proverbios 18:21*). Lo que decimos tiene una manera poderosa y eficaz de convertirse en realidad. **La vida es la suma de todas las palabras que han salido por nuestra boca. No existen palabras inocentes en la boca de una persona, por estas seremos justificados o condenados (Mateo 12:37).**

Nuestras emociones también son un reflejo claro de nuestros pensamientos; estas no son positivas ni son negativas; ellas van a ser una evidencia externa de lo que está sucediendo en nuestro mundo interior. Si usted se siente bien, es porque está teniendo buenos pensamientos. Si se siente mal, está teniendo malos pensamientos. Si usted tiene pensamientos de angustia, temor, vergüenza, dolor y rencor, su estado de ánimo se verá reflejado inevitablemente de la misma manera.

Esta es la razón por la cual es importante recordar siempre las palabras sabias de Salomón que inspiradas por Dios dicen:

> *"Todos los días del afligido son malos (por sus pensamientos negativos), pero el de corazón alegre tiene un banquete continuo."* **(Proverbios 15:15)**

Lisa Nichols conferencista motivacional de éxito, y escritora de varios libros best seller (de mayor venta) como *"No Matter What"*, nos comenta lo siguiente acerca de los sentimientos y las emociones en el libro "The Secret": *"Usted tiene dos grupos de sentimientos: buenos y malos; y conoce la diferencia entre ellos porque unos lo hacen sentir bien y los otros lo hacen sentir mal. Son las sensaciones de depresión, ira, resentimiento y culpa las que no le hacen sentir vencedor. Lo que le anima, es cuando usted tiene emociones y sentimientos buenos, y usted sabe cuando vienen porque le hacen sentir bien. Imagínese un momento, si pudiera sentir todos los días entusiasmo, gozo, gratitud, amor. Cuando usted festeja los sentimientos buenos, está atrayendo más sentimientos buenos, además de las cosas que lo hacen sentir bien".*

Las emociones juegan un papel fundamental en nuestra vida. Esto es porque:

1. Reflejan nuestro mundo interior. Nos informan sobre cómo vivimos interiormente, y sobre lo que sucede a nuestro alrededor
2. Dirigen en gran parte nuestra conducta
3. Nos indican como estamos evaluando y juzgando las diferentes situaciones que vivimos
4. Nos ayudan a tomar decisiones
5. Nos van a ayudar a relacionarnos mejor

El clérigo Earl Riney afirmó lo siguiente acerca de las emociones: *"Nuestras emociones son la fuerza que conduce nuestras vidas".*

El Dr. Daniel Goleman declara lo siguiente respecto a la importancia de las emociones: *"Las personas emocionalmente bien desarrolladas tienen más posibilidades de sentirse satisfechas, ser eficaces en su vida y de dominar los hábitos mentales que favorecen su propia productividad. Las personas que no pueden poner cierto orden en su vida emocional, libran batallas interiores que sabotean su capacidad de concentrarse en el trabajo y pensar con claridad".*

En realidad tenemos muy poco control sobre nuestras emociones, pero tenemos control absoluto sobre nuestros pensamientos, y nuestros pensamientos determinan nuestros sentimientos y nuestras respuestas.

Los sentimientos son herramientas poderosas que pueden ayudarnos o evitar que cumplamos nuestro verdadero propósito.

"Nuestros pensamientos determinan nuestros sentimientos y nuestras respuestas"

El pastor Joel Osteen en su libro *"Su mejor vida ahora"*, declara lo siguiente acerca de la gran importancia que tiene nuestra mente, con respecto a lo cual estoy de acuerdo, y procederé a citarlo:

"Debemos tener muchísimo cuidado, no sólo con lo que ingerimos por nuestros ojos y oídos, sino también con lo que pensamos. Una gran parte del éxito o fracaso en la vida comienza en nuestra mente y es influenciada por lo que nos permitimos pensar".

Nell Mohney, en su libro "Beliefs Can Influence Attitudes", ilustra muy acertadamente esta verdad. Mohney cuenta acerca de un experimento doble-ciego realizado en la bahía de San Francisco:

"El director de una escuela llamó a tres maestros y les dijo: "Porque ustedes tres son los mejores maestros en el sistema y tienen la mayor experiencia, vamos a entregarles noventa estudiantes con alto coeficiente intelectual. Queremos que ustedes trabajen con estos estudiantes durante todo el próximo año, a su propio ritmo, y que vean cuanto pueden aprender".

Todos se sintieron contentos, la facultad y los estudiantes. Ese año los maestros y los estudiantes disfrutaron mucho los unos

> **"La gente no siempre vive de acuerdo a lo que profesa, pero siempre vive según lo que cree y piensa"**

de los otros; los maestros enseñaron a los estudiantes más brillantes, los estudiantes se beneficiaron de la atención especial y de la instrucción de maestros altamente capacitados. Al final del experimento, los estudiantes habían logrado un aprovechamiento de un 20 a un 30% más que el resto de los estudiantes de toda el área.

El director llamó a los profesores y les dijo: "Debo confesarles algo; ustedes no tuvieron a noventa estudiantes de alto nivel intelectual, eran estudiantes al azar de entre todo el grupo, y los entregamos a ustedes". Los maestros dijeron: "Eso quiere decir que somos maestros excepcionales". El director continuó: "Tengo otra confesión que hacerles, ustedes no eran los maestros más brillantes. Sus nombres fueron simplemente los primeros que salieron al azar de un sorteo".

Los profesores se preguntaron: ¿Qué fue lo que causó la diferencia entonces? ¿Por qué noventa estudiantes se desempeñaron en un nivel tan excepcional durante todo el año?"

La diferencia consistió en que les hicieron pensar y creer de una manera diferente, y esta afectó consecuentemente su conducta y comportamiento. Nuestros pensamientos y creencias ejercen muchísimo poder e influencia sobre nuestra vida. Nunca llegará más lejos de lo que usted mismo ha pensado y creído que puede llegar; de la misma manera que pensamos acerca de nosotros mismos, así es como actuamos.

Es importante que dejemos bien claro lo siguiente: **"Somos el producto de lo que pensamos de nosotros mismos y no el producto de lo que Dios piensa de nosotros".** Me imagino que se debe haber asustado un poco por esta declaración, pero miremos un ejemplo en la Biblia que nos lo demuestra:

> *"Mas los varones que subieron con él, dijeron: no podremos subir contra aquel pueblo, porque es más fuerte que nosotros. Y hablaron mal entre los hijos de israel, de la tierra que habían reconocido, diciendo: la tierra por donde pasamos para reconocerla, es tierra que traga a sus moradores; y todo el pueblo que vimos en medio de ella son hombres de grande estatura. También vimos allí gigantes, hijos de anac, raza de los gigantes, y éramos nosotros, a nuestro parecer, como langostas; y así les parecíamos a ellos".* **(Números 13:31-33)**

Dios le había declarado en repetidas ocasiones al pueblo de Israel: "Ustedes son conquistadores, son mi pueblo victorioso, los he puesto por cabeza y no cola, para que siempre estén arriba y no abajo, para que dominen y no sean dominados. ¡Vayan y posean la tierra!" Esto y mucho más, era lo que Dios pensaba de ellos. Sin embargo, ellos regresaron diciendo: *"Y éramos nosotros, a nuestro parecer, como langostas...* » y no entraron. Se da cuenta, **no es lo que Dios piensa de usted, sino lo que usted piensa de sí mismo lo que determinará su vida.**

El éxito de una persona consiste en el poder alinear sus pensamientos y su mente a los pensamientos de Dios para su vida.

Nuestros pensamientos también van a ser la fuente principal de nuestras actitudes. La suma de todos pensamientos constituirá tu actitud completa, y esta va a ser un factor decisivo en el éxito o fracaso que puedas llegar a tener.

"Con la actitud puedes cambiar tu vida. Si es mala, la convertirás en buena, si es buena, puedes hacerla mejor y si es excelente, podrás optimizarla"

John C. Maxwell dice: *"La actitud no lo es todo, pero es algo que puede marcar la diferencia en tu vida"*.

Con la actitud puedes cambiar tu vida. Si es mala, la convertirás en buena, si es buena, puedes hacerla mejor y si es excelente, podrás optimizarla.

Chuck Swindoll dijo: *"Mientras más vivo, más me doy cuenta del impacto de la actitud en la vida"*.

Hay una historia que tuve el privilegio de leer años atrás acerca de la importancia de la actitud en la vida, y cada vez que la vuelvo a leer me motiva más una y otra vez.

Para nuestro beneficio procederé a citarla: G.W. Target, en su ensayo *"The Window"*, relata la historia de dos hombres confinados al mismo cuarto de un hospital. Ambos estaban muy enfermos y aunque no se les permitía tener muchas distracciones, ni televisión, ni radio, ni libros, desarrollaron una amistad a través de largos meses de conversación. Hablaron de todos los asuntos en los que ambos tenían interés o experiencia, desde la familia, los trabajos y las vacaciones, hasta sus historias personales.

Ninguno de los dos podía levantarse, pero uno tuvo la suerte de estar cerca de una ventana. Como parte de su tratamiento, podía sentarse en su cama por solamente una hora al día. Ese era el momento que aprovechaba para describirle a su compañero el mundo exterior. En términos muy detallados, llevaba el mundo exterior a su amigo, describiéndole el hermoso parque que veía, con su lago, y las muchas personas interesantes que paseaban por allí. Su amigo comenzó a vivir con base en esas descripciones.

Después de un relato particularmente fascinante, el hombre que lo oía comenzó a pensar que no era justo que su amigo pudiera ver todo mientras él no veía nada. Se sintió avergonzado por sus pensamientos, pero tenía bastante tiempo para pensar y no podía sacar esto de su mente. Con el tiempo, sus pensamientos comenzaron a producir efectos en su salud y se sintió más enfermo todavía, con una disposición para igualarse al otro.

Una noche su amigo, quien a veces tenía problemas con la congestión y la respiración, se despertó con un exceso de tos y asfixia, y no podía ni siquiera oprimir el botón del timbre para que la enfermera viniera en su ayuda. El otro hombre, frustrado y amargado, yacía allí, mirando al cielo, escuchando la lucha por la vida cerca de él, y sin hacer nada.

A la mañana siguiente, vino la enfermera para encontrar muerto al hombre que estaba junto a la ventana. Después de cierto intervalo, el hombre que estaba ansioso por ver a través de la ventana pidió que le cambiaran a ese lugar, lo cual fue hecho rápidamente. Tan pronto como quedó vacía la habitación, el hombre se levantó con esfuerzo sobre sus codos para mirar afuera y llenar su espíritu con el paisaje del mundo exterior. Fue entonces cuando descubrió, que la ventana daba a una pared en blanco. Toda la historia la había creado su amigo para generar una mejor atmósfera en medio de la situación difícil que estaban viviendo.

Su actitud frente a la vida será "su mejor aliado o su peor enemigo". Usted elige qué actitud tener cada día. El rey David se levantaba todos los días diciendo: "Este es el día que hizo Jehová; nos gozaremos y alegraremos en él" (Salmos 118:24). Nadie es responsable de su actitud, sino solamente usted mismo.

La actitud del Dr. Viktor Frankl, un médico Judío, al ser terriblemente maltratado en un campo de concentración nazi, y las palabras dirigidas a sus perseguidores, quienes mataron a su familia y lo humillaron grandemente, han sido una inspiración para millones de personas. Él dijo lo siguiente: *"A un hombre puede quitársele todo con excepción de una cosa: la última libertad humana, que es elegir nuestra actitud ante las circunstancias que se nos presenten".*

Mire lo que dice el siguiente anónimo sobre las actitudes:

- *"No podemos escoger cuántos años vivir, pero podemos escoger cuanta vida tendrán esos años.*

- *No podemos controlar la belleza de nuestra cara, pero podemos controlar la expresión de ella.*

- *No podemos controlar los momentos difíciles de la vida, pero podemos decidir hacerla menos difícil.*

- *No podemos controlar la atmósfera negativa del mundo, pero podemos controlar la atmósfera de nuestra mente.*

- *Muy a menudo tratamos de escoger y controlar las cosas que no podemos. Muy rara vez decidimos controlar lo que podemos... nuestra actitud".*

Debemos tomar una decisión importante; ¿cómo enfrentaremos cada día? Solo hay dos opciones para elegir qué disposición adoptaremos: la actitud buena y la actitud mala, le aconsejo que escoja la buena, escogiendo los pensamientos correctos para su vida.

Podemos ver ahora claramente la razón tan importante que tenemos de renovar nuestra mente (fuente y origen de todo), a las verdades eternas de Dios, porque como mencionamos momentos atrás, el enemigo que está tras la búsqueda de nuestra mente (pensamientos), está manipulando y controlando el sistema del mundo y sus respectivas influencias, para generar formas de pensar equivocadas y distorsionadas en nuestra mente acerca de Dios, de la vida y de nosotros mismos, y lograr así nuestra derrota final. El enemigo sabe que si logra afectar y controlar su forma de pensar, solo es cuestión de tiempo para que tenga el control de cada área de su vida.

Ahora bien, a todas estas formas de pensar y estructuras de pensamientos equivocadas que se han formado en nuestra mente a causa de estas influencias, la Palabra de Dios les llama "fortalezas", las cuales procederemos a definir en el próximo capítulo.

¿Qué dice Proverbios 23:7 del pensamiento?

_____
_____
_____
_____
_____
_____
_____
_____
_____
_____
_____
_____
_____

¿Es la actitud frente a la vida su mejor aliado? Explique

_____
_____
_____
_____
_____
_____
_____
_____
_____
_____

Capítulo 5
FORTALEZA MENTAL

FORTALEZA MENTAL

*** Porque las armas de nuestra milicia no son carnales, sino poderosas en Dios para la destrucción de fortalezas, derribando argumentos y toda altivez que se levanta contra el conocimiento de Dios, y llevando cautivo todo pensamiento a la obediencia a Cristo," (2 Corintios 10:4-5).*

*E*n este pasaje, Pablo, por inspiración del Espíritu Santo, nos está revelando tres diferentes estructuras mentales equivocadas y erróneas, que se forman en nuestra mente a causa de las diversas influencias falsas e incorrectas que el sistema del mundo y el enemigo forman en nuestra mente.

Argumentos: Viene del griego *"Logismós"* que significa: *"cálculo, razonamiento, pensamiento y computación"*. Los argumentos son ciertos patrones de razonamiento y pensamiento que se forman en nuestra mente. Según la definición de la Enciclopedia "Encarta", un argumento es un razonamiento que pretende probar una determinada proposición o tesis.

Fortalezas: Viene del griego *"Ojúroma"* que significa: *"fortificado, castillo. Sostener algo con seguridad"*. Las fortalezas son una serie de argumentos bien estructurados y arraigados en la mente.

Altiveces: Viene del griego *"Júpsoma"* que significa: lugar o cosa elevada; enaltecer o exaltar. Las altiveces son argumentos bien estructurados y arraigados (fortalezas), que se levantan en nuestra mente específicamente en contra de Dios.

Para que tengamos una comprensión más clara y específica acerca de las influencias en nuestra mente y todo lo que esto implica, nos vamos a dirigir principalmente a las fortalezas y altiveces que son el resultado final de los argumentos.

Una de las estrategias más eficaces que el enemigo emplea para lograr impedir que disfrutemos de la buena voluntad de Dios para nuestras vidas, y que vivamos a plenitud total la vida de Reino que Jesús nos ofrece, es *"levantando fortalezas"* en nuestra mente.

Algunas definiciones importantes de fortalezas son:

- Fortaleza es un área que nos mantiene atados debido a cierta manera de pensar.

- Fortaleza es cualquier estructura o patrón de pensamiento que me impide hacer lo que Dios dice que yo puedo ser y hacer.

- Fortaleza es una forma de pensar que impide que yo pueda conocer la verdad.

74

La inferioridad o baja autoestima es una fortaleza. Nadie nace inferior a otra persona, es una visión distorsionada que tenemos de nosotros mismos al creer que somos y valemos menos que las demás personas. Esta fortaleza va a tener un gran impacto en nuestra vida, porque como usted se ve y se siente respecto de si mismo, es como va a afectar todas las áreas de su vida. Usted nunca llegará más allá de la imagen que tiene de sí mismo en su propia mente.

A continuación vamos a mencionar algunas de las fortalezas más comunes que se establecen en nuestra mente.

- Fortalezas mentales sobre la manera en que nos vemos

- Yo no valgo nada

- Yo soy una carga

- Yo soy una equivocación

- Yo no sirvo para nada

- Yo soy un fracasado

- Yo soy culpable de todo

- Yo soy rechazado por todo el mundo

- Yo no puedo llegar a tener éxito en ningún área de la vida

- Yo soy homosexual, así nací y no puedo cambiar:

- Yo no saldré adelante

- Yo soy inseguro y tengo mucho temor

Otras fortalezas mentales con respecto a sí mismo son:

- La Inferioridad o baja autoestima

- El alcoholismo

- La anorexia y bulimia

- La depresión

- La autocompasión

El alcoholismo es una fortaleza mental. Ningún niño cuando es pequeño en la escuela, al preguntarle: ¿Qué quieres ser cuando seas grande? Contestaría: Yo quiero ser alcohólico. El alcoholismo es una fortaleza mental, en la que la persona sabe que está destruyendo y acabando con su vida y su familia, pero no la puede cambiar.

La depresión es una fortaleza en la vida de un hombre y una mujer que le dice: "No hay cambio para la situación que estás pasando". Aquella persona que tiene un problema de salud, económico, familiar y laboral, se deprime por el hecho de pensar que no hay remedio para su enfermedad, no hay arreglo para su matrimonio y no hay solución para el desempleo; en otras palabras, ellos dicen, mi situación no va a cambiar.

La anorexia y la bulimia, son desórdenes alimenticios que tienen muy poco que ver con la alimentación. Son fortalezas mentales respecto a cómo vemos nuestro propio aspecto físico.

1. **Fortalezas mentales sobre cómo vemos a otros:**
- Todo el mundo piensa mal de mí
- Todo el mundo quiere aprovecharse de mí
- No existe nadie bueno
- Toda la gente es falsa
- Yo nunca confiaré en nadie
- Nadie me aprecia

2. **Fortalezas mentales acerca del dinero:**
- El dinero es malo y daña a las personas
- La pobreza es una virtud
- El dinero lo resuelve todo en la vida
- El dinero es lo más importante

Hay gente que piensa que la pobreza es una virtud y la confunden con humildad; la humildad es una actitud del corazón y del espíritu (Proverbios 29:23) y no una situación económica. Al contrario de ser una virtud, la pobreza y la escasez siempre han estado relacionadas con el pecado y sus diferentes manifestaciones (idolatría, brujería, hechicería, apuestas, juegos de azar, etc.). También, en repetidas ocasiones, la Biblia menciona la pobreza y la escasez como el resultado de maldiciones.

Es importante señalar, que aunque la pobreza muchas veces tiene un origen de carácter espiritual, como ya lo mencioné, también es el resultado de una fortaleza mental. Mucha gente es pobre *"porque piensa y actúa como pobre"* (Proverbios 28:19). Se ha podido comprobar en repetidas ocasiones, como algunas personas que se encontraban en difíciles circunstancias financieras y que lograron ganarse la lotería, años más tarde se encontraban en la misma situación o peor; nunca lograron entender que su escasez financiera no se debía a la falta de dinero, sino a la mentalidad de pobreza que guiaba sus acciones.

"Pese a que aproximadamente un 80% de las riquezas del mundo se encuentran en manos de un 20% de las personas, si juntásemos toda esa riqueza y la repartiésemos de manera igual entre cada uno de los habitantes del planeta, en cinco años tales riquezas estarían en las manos del mismo 20% inicial" **J. Paul Getty**

3. Altiveces:

- **Ateísmo:** El ateísmo es una altivez que niega la existencia de la divinidad, es decir, no reconoce a Dios como Soberano y Creador de todo (Salmo 24:1-2).
- **El Humanismo:** Es un movimiento intelectual, filológico y artístico, que destaca de manera prominente la admiración, exaltación y elogio de la figura humana antes que la de Dios. La altivez del humanismo piensa así: "El poder está dentro de ti, nosotros somos capaces de hacer cualquier cosa que nos propongamos independientes de Dios"

Para la altivez, la Palabra de Dios tiene una recompensa:

"Porque Jehová es excelso, y atiende al humilde, mas al altivo mira de lejos." (Salmo 138:6).

Es necesario comprender que todas estas fortalezas y altiveces que mencionamos y muchas otras más, no se formaron en nuestra mente de un día para otro. Usted no se acostó en la noche siendo hombre y cuando se despertó en la mañana quería ser mujer; usted no era una persona de fe que creía en Dios un día, y dos días después de la nada se declara ateo.

Estas fortalezas y altiveces se fueron formando día a día, al permitir que entraran argumentos erróneos y equivocados libremente en nuestra mente por un largo período de tiempo y no hacer nada al respecto.

La historia del pueblo de Israel y Goliat, es un ejemplo claro de cómo el enemigo logra levantar fortalezas en nuestra mente para derrotarnos.

"Oyendo saúl y todo israel estas palabras del filisteo, se turbaron y tuvieron gran miedo". "...venía, pues, aquel filisteo por la mañana y por la tarde, y así lo hizo durante cuarenta días". (1 Samuel 17:11,16)

Saúl y el pueblo de Israel permitieron que por cuarenta días Goliat lanzara pensamientos de miedo, aflicción, angustia y derrota a su mente, sin hacer ellos nada al respecto. Al concluir este tiempo, ya se había establecido una fortaleza de temor en sus mentes. El pueblo de Israel hizo más que escuchar a Goliat, ellos permitieron la entrada de esos pensamientos de derrota y los creyeron para su vida.

Mira lo que el Dr. Neil Anderson en su libro *"Victoria sobre la Oscuridad"* nos dice con respecto a la formación de fortalezas:

"Quienes estudian la conducta humana nos dicen que si repites un hecho durante seis semanas, formarás un hábito. Si ejercitas ese hábito durante un tiempo, se establece una fortaleza. Cuando la fortaleza de pensamiento y respuesta, se ha atrincherado en tu mente, se hace difícil que tu capacidad te permita decidir y actuar en sentido contrario a ese patrón".

Las fortalezas y altiveces van a producir diferentes efectos negativos en nuestra vida:

1. Una fortaleza mental va a ser el obstáculo principal para que ocurra un cambio o renovación en la mente. La fortaleza mental, va a manifestar una fuerte resistencia y oposición a cualquier tipo de cambio que esté amenazando su estructura de pensamiento ya establecida.

2. Una fortaleza mental trae limitación a tu vida.

3. Las fortalezas impiden que el propósito de Dios y su buena voluntad sean realizados en nuestra vida.

Déjeme darle un ejemplo: Dios le hizo una promesa al pueblo de Israel de sacarlos de Egipto (su lugar de esclavitud), e introducirlos a la tierra prometida, una tierra buena y ancha donde fluye leche y miel. Dios demuestra su inmenso poder al sacarlos a través de diversos milagros, que terminarían con la apertura del mar rojo y la provisión de agua y comida (maná), para luego dirigirlos rumbo a la tierra prometida. De los más de tres millones de personas que salieron, solo lograron entrar dos: Josué y Caleb. ¿Sabe usted que fue lo que impidió al resto de personas entrar a la tierra prometida?... una fortaleza mental llamada "Egipto" que no pudieron derribar de sus cabezas.

La pregunta sería ¿Cómo aplicamos nosotros este ejemplo de Israel a nuestras vidas en el día de hoy?, de la misma manera que Israel... Lo que se está interponiendo entre usted y su promesa, lo que se está interponiendo entre sus sueños, sus metas y usted, no es la situación política, social y económica, es una estructura mental llamada "fortaleza".

4. Las fortalezas mentales mantienen prisioneras a las personas en la ignorancia, evitando así que estas puedan conocer la verdad, y esta verdad traiga liberación a sus vidas (*Juan 8:32*).

5. Las altiveces mantienen a las personas alejadas de Dios y su verdad (Jesucristo), lo que al final dará como resultado su propia condenación.

"Y esta es la condenación: que la luz vino al mundo, y los hombres amaron más las tinieblas que la luz, porque sus obras eran malas" **(Juan 3:19)**

¿Con qué fortaleza mental has batallado en tu vida?

_____

_____

_____

_____

_____

_____

_____

_____

_____

_____

_____

_____

_____

¿De qué cosas buenas de la voluntad de Dios te has perdido como resultado de la operación de una fortaleza mental en tu vida?

_____

_____

_____

_____

_____

_____

_____

_____

_____

_____

Capítulo 6
RENOVANDO NUESTRA MENTE Y ROMPIENDO FORTALEZAS

RENOVANDO NUESTRA MENTE Y ROMPIENDO FORTALEZAS

"No os conforméis a este siglo, sino transformaos por medio de la renovación de vuestro entendimiento, para que comprobéis cuál sea la buena voluntad de Dios, agradable y perfecta" **(Romanos 12:2)**

*A*unque Pablo se estaba dirigiendo a creyentes en este pasaje, gente que había depositado su fe y confianza en el Señor Jesucristo, muchos de estos creyentes todavía necesitaban experimentar un cambio de mentalidad, porque aunque eran hijos de Dios nacidos de nuevo por la fe, todavía se encontraban atrapados en la forma de pensar del sistema del mundo y no la del "Reino". La palabra *"Transformaos"* que aquí se menciona, es la palabra griega *"Metamorfóo"* que significa hacer un cambio completo y total. La transformación de la que Pablo nos habla aquí, denota una total revolución de nuestro estado mental, y esta transformación mental va a ser por completa nuestra responsabilidad.

Una parte importante y vital en el proceso de renovación y rompimiento de fortalezas en nuestra vida, es el reconocer primeramente que área de nuestra mente necesita ser

85

renovada o se encuentra bajo los efectos de una fortaleza; y aunque le parezca extraño y difícil de creer, muchas veces nos es más fácil reconocer las fortalezas mentales y la necesidad de renovación en la vida de otras personas, que en nuestra propia vida. Hay creyentes que pueden testificar que en sus vidas, ciertas fortalezas mentales que impedían el avance y progreso en un área específica han sido rotas, pero, por otro lado, todavía existen otras fortalezas que necesitan ser derribadas.

Para que podamos reconocer que áreas necesitan ser renovadas y están bajo la influencia de una fortaleza, es necesario mirar en cual de ellas no estamos viviendo conforme a las verdades eternas de la Palabra de Dios.

La Palabra de Dios es un espejo (Stg. 1:23) que nos va a reflejar la situación real en la que nos encontramos.

Es importante que antes de ver el proceso de cómo renovar nuestra mente y derribar fortalezas, tomemos un tiempo para aclarar algo que ha sido y sigue siendo malinterpretado en el día de hoy acerca del pensamiento positivo y todo lo que esto implica.

El pensar positivamente, por seguro, implica un factor importante en nuestra vida para lograr mantener una mente sana y productiva; de hecho, la misma Biblia nos habla repetidamente de esto, y en el próximo capítulo comentaremos un poco acerca de su importancia. Pero llegar a creer que por pensar positivamente voy a lograr renovar mi mente a la verdad de Dios, y derribar una fortaleza en mi vida que ha sido levantada por el enemigo a través del tiempo, es un completo error y engaño, que tendrá una consecuencia dramática y decepcionante en nuestras vidas. Por favor, note bien lo que Pablo nos dice:

> *"Porque las armas de nuestra milicia no son carnales, sino poderosas en Dios para la destrucción de fortalezas, derribando argumentos y toda altivez que se levanta contra el conocimiento de Dios, y llevando cautivo todo pensamiento a la obediencia a Cristo"* **(2 Corintios 10:4-5).**

Lo que Pablo nos está diciendo es que solamente las herramientas que Dios proporciona, tienen el poder divino para derribar y romper toda fortaleza, argumento y altivez que ha sido levantada en la mente de una persona. "Yo digo amén a esta verdad".

Por otro lado, nosotros no somos llamados a tener solo pensamientos positivos, sino que debemos creer y pensar lo correcto y verdadero antes que nada (la Palabra de Dios), porque un pensamiento correcto siempre precede a un actuar correcto.

El Dr. Myles Monroe en su libro: *"Redescubra el Reino"* nos comenta lo siguiente al respecto: *"Tenemos una tendencia a creer que siempre y cuando algo no esté mal, entonces debe ser bueno. No obstante, aún las cosas buenas son malas cuando son hechas en el tiempo o en el lugar equivocado, o cuando alguna otra cosa buena y correcta debería haber sido hecha en su lugar".*

También se debe entender, que no debemos llevar nuestros pensamientos independientes de los pensamientos de Dios para nuestra vida. Mire lo que el sabio Salomón nos dice:

> *"Muchos pensamientos hay en el corazón del hombre; mas el consejo de Jehová permanecerá". (Proverbios 19:21)*

> Albert Einstein dijo: *"Quiero conocer todos los pensamientos de Dios; el resto son sólo detalles".*

Ahora veamos como empezar el proceso de renovación y rompimiento de fortalezas en nuestra mente:

¿Cómo renovamos nuestra mente y rompemos fortalezas?

- La Palabra de Dios.

- La suministración del Espíritu Santo. 2 Corintios 3:17

- La necesidad de un mentor o guía. (Discipulado)

> *"porque las armas de nuestra milicia no son carnales, sino poderosas en Dios para la destrucción de fortalezas", (2 corintios 10:4.)*

Como mencionamos anteriormente, Dios ha puesto a nuestro alcance las herramientas o armas necesarias para lograr obtener la victoria sobre nuestra mente. Ya no tienes que ser más víctima de fortalezas mentales negativas (depresión, baja autoestima, pobreza), que están limitando tu vida e impidiendo que goces de la buena voluntad de Dios para ti.

Ya es hora que ocurra un cambio por completo en tu vida. Pero para que este cambio se lleve a cabo, debes primero tener el deseo y el querer renovar y cambiar tu mente. El cambio es posible, pero sólo si verdaderamente lo quieres. Como observó Fred Smith: *"Eres de la manera que eres porque así es como quieres ser. Si realmente quisieras ser diferente, estarías en el proceso de cambio ahora mismo"*.

Quizás anteriormente hiciste unos intentos frustrados por generar un cambio en tu vida sin lograr resultado alguno; pero en este momento yo te exhorto y te animo a que te atrevas a hacer uso de las herramientas que Dios nos ha dado, para que goces del poder de tener una vida libre y transformada. Recuerda que Pablo nos exhortó: *"No se amolden al mundo actual"* (**Romanos 12:2 NVI**).

1. La Palabra de Dios:

No existe nada que pueda sustituir los beneficios innumerables que produce la Palabra de Dios en la vida de una persona que la recibe con fe y mansedumbre en su corazón. Muchas personas todavía no tienen conciencia del poder renovador y transformador ilimitado que esta tiene.

El enemigo lucha fuertemente por mantener en ignorancia a las personas con relación a la Palabra de Dios. La luz del conocimiento y la verdad de la Palabra de Dios disipan las tinieblas de mentira, engaño e ignorancia que hay en nuestras vidas.

"La exposición de tus palabras alumbra; hace entender a los simples". (**Salmo 119:130**)

Por otro lado, veamos detalladamente lo que Pablo le dice a la iglesia de Colosa: *"La paz de Dios gobierne en vuestros corazones, a la que así mismo fuisteis llamados en un solo cuerpo; y sed agradecidos"* (Colosenses 3:15). Esa palabra *"corazón"* que él menciona, es la palabra griega *"Kardía"* que denota los pensamientos o sentimientos (la mente). Pablo lo que está diciendo es: "Que la paz de Dios gobierne nuestras mentes"; y ¿cómo vamos a lograr que esto ocurra!; el siguiente versículo lo explica: *"La palabra de Cristo more en abundancia en vosotros"* (Colosenses 3:16). No se trata solamente de no tener malos pensamientos, sino que debemos llenar nuestra mente a diario de la Palabra de Dios, porque a medida que lo hagamos, poco a poco todas esas fortalezas mentales que el enemigo y el sistema del mundo han levantado, se irán cayendo.

"por lo cual también nosotros sin cesar damos gracias a Dios, de que cuando recibisteis la palabra de Dios que oísteis de nosotros, la recibisteis no como palabra

de hombres, sino según es en verdad, la palabra de Dios, la cual actúa en vosotros los creyentes" (**1 Tesalonisenses 2:13**).

Podemos ver en este pasaje que la Palabra de Dios no puede ser reducida a meros sonidos en el aire o a las marcas en una hoja de papel. Por el contrario, la Palabra de Dios es vida, es Espíritu, es activa, es enérgica; y va a obrar con efectividad en quienes la reciben y la creen. La Palabra de Dios es lo que va a comenzar el proceso de renovación y transformación en nuestra mente; no existe otro camino alterno, por tal razón debemos motivarnos a estudiar, aprender, experimentar y practicar la Palabra de Dios.

2. La suministración del Espíritu Santo:

"No con ejército, ni con fuerza, sino con mi Espíritu, ha dicho Jehová de los ejércitos". (**zacarías 4:6**)

"No se trata solamente de no tener malos pensamientos, sino que debemos llenar nuestra mente a diario de la Palabra de Dios"

Dios siempre ha trabajado en la vida de las personas a través de dos agentes: Su Palabra, como ya mencionamos, y su Espíritu. La Palabra de Dios y el Espíritu Santo, al unirse en nuestra vida, contienen toda la autoridad y el poder transformador de Dios mismo.

En su segunda carta a la iglesia de Corinto, Pablo nos habla acerca de la importancia de la obra del Espíritu Santo en nuestra mente.

*"pero cuando se conviertan al señor, el velo se quitará
porque el señor es el espíritu; y donde está el espíritu
del señor, allí hay libertad"* **(2 Corintios 3:16:17)**

En estos pasajes que acabamos de leer, Pablo nos está hablando primeramente acerca de un velo. Este velo que él nos menciona, son todas esas limitaciones (fortalezas) que nosotros dejamos levantar en nuestra mente y que están impidiendo que el propósito que Dios tiene para nosotros se cumpla. Él menciona también, que para que este velo se quite hay que "convertirse" al Señor. Esta palabra convertirse no significa cambio de religión, cambiar de fe o nacer de nuevo. La palabra convertirse es el griego "Epistréfo", que significa "darse vuelta"; entonces la Biblia nos dice que tenemos que darnos vuelta al Señor para que el velo (fortalezas) sea quitado. La siguiente pregunta sería: ¿Quién es el Señor?, en el versículo diecisiete está la respuesta: "Porque el Señor es el Espíritu"; y para finalizar, la versión original del griego continúa diciendo: "Y donde el Espíritu es Señor, allí hay libertad".

En otras palabras, Pablo nos está diciendo: que donde se reconoce el señorío del Espíritu, el resultado va a ser la "libertad". Usted tiene que darse vuelta a su manera de pensar y llevar su mente todos los días al señorío del Espíritu Santo y todas esas fortalezas mentales serán derribadas.

3. La necesidad de un mentor o guía:

¿Qué es un mentor? Un mentor o guía es una persona que tiene la habilidad de ver claramente tus capacidades (potencial) y talentos para desarrollarlos, y a la vez, también es capaz de identificar tus faltas y equivocaciones para corregirlas. Toda persona que desea que ocurra una renovación verdadera en su mente, va a necesitar de la ayuda de este.

El mentor es aquel que nos va a ayudar a crecer y madurar en propósito, para luego lograr que alcancemos lo que hasta ahora no hemos podido alcanzar. En otras palabras, un mentor o guía va a ser aquel hombre o aquella mujer que Dios va a permitir que llegue a nuestra vida para capacitarnos, equiparnos y enseñarnos; para luego dirigirnos rumbo hacia nuestro destino.

A este proceso de enseñanza la Biblia le llama "discipulado". El discipulado es el proceso que Dios usa para lograr su obra transformadora en nuestra vida. Nuestro modelo a seguir es Jesús: Él sabía perfectamente que se necesitaba de un proceso para renovar a los creyentes; alrededor de tres años y medio le tomó traer una reforma a la manera de pensar de los discípulos, para que más tarde estos mismos se constituyeran en los fundadores principales de su iglesia.

Usted y yo hoy pertenecemos a la gloriosa iglesia de Cristo diseminada por todo el mundo, porque doce hombres comunes y corrientes permitieron que un mentor efectuara un cambio en su manera de pensar, que dio como resultado la transformación de sus vidas para siempre.

El mentor es aquel que nos va a ayudar a crecer y madurar en propósito, para luego lograr que alcancemos lo que hasta ahora no hemos podido alcanzar. Ralph Waldo Emerson dijo: "Nuestro principal deseo en la vida es conocer a alguien que nos inspire a ser lo que realmente queremos ser"

"El mentor es aquel que nos va a ayudar a crecer y madurar en propósito, para luego lograr que alcancemos lo que hasta ahora no hemos podido alcanzar"

Para concluir este capítulo, yo quiero desafiarlo a usted que está leyendo este libro, que se atreva a hacer uso de las herramientas que Dios por su gracia nos ha dado, para que ocurra eso que tanto se necesita, la renovación de la mente. Para empezar, comience por apropiarse de la Palabra de Dios para usted, hágala parte de su vida, sustituya cada pensamiento de derrota, temor, y fracaso por pensamientos nuevos que estén alineados con los de Dios.

Permita todos los días que el Espíritu Santo limpie y traiga libertad a su mente, dejándolo ser el Señor de su vida. Y por último, involúcrese en el proceso de discipulado y deje de ser un espectador más, manténgase siempre en el proceso que lo llevará a estar en un desafío constante de cambio y renovación para su vida.

¿Cómo renovamos nuestra mente y rompemos fortalezas?

_____
_____
_____
_____
_____
_____
_____
_____
_____
_____
_____
_____
_____

¿Qué es un mentor?, ¿has tenido uno en tu vida?

_____
_____
_____
_____
_____
_____
_____
_____
_____
_____
_____

Capítulo 7

ADMINISTRANDO CORRECTAMENTE NUESTROS PENSAMIENTOS

ADMINISTRANDO CORRECTAMENTE NUESTROS PENSAMIENTOS

"Derribando argumentos y toda altivez que se levanta contra el conocimiento de Dios, y llevando cautivo todo pensamiento a la obediencia a Cristo,"
(2 Corintios 10:5)

Unos de los factores más importantes y determinantes para lograr mantener una mente sana y productiva, es definitivamente el administrar correctamente cada uno de los pensamientos que a nosotros llegan. Pablo nos declara en este pasaje, que es absolutamente nuestra responsabilidad el cuidar que clase de pensamientos estamos permitiendo que entren en nuestra mente.

En el día de hoy millones de personas están conscientes de su régimen alimenticio; el contar calorías en los supermercados antes de comprar el producto está muy de moda, millones de dólares se gastan anuales en la compra de vitaminas y un sinnúmero de suplementos alimenticios; las charlas y conferencias acerca de la importancia de la nutrición y la dieta tienen en el día de hoy más seguidores que nunca antes, y todos sabemos el porqué: *"La ciencia y las investigaciones han demostrado que el cuerpo físico es el reflejo de la dieta que lo alimenta"*.

Es de suma importancia que entendamos y estemos conscientes que así como el cuerpo es de lo que él es alimentado, de igual manera la mente es, de lo que ella es alimentada. El Dr. Camilo Cruz nos muestra un ejemplo claro de esta verdad:

"La mente es como un jardín que puede ser inteligentemente cultivado o abandonarse y llenarse de hierbas y malezas. Sin embargo, ya sea que esté cultivado o descuidado, siempre está destinado a producir algo. Si no se siembran semillas útiles, entonces caerán, crecerán y se reproducirán en abundancia semillas de maleza".

Al igual que un jardinero cultiva su parcela, manteniéndola libre de maleza, sembrando flores y frutos que desea, así también todos debemos atender el jardín de nuestra mente, limpiándola de pensamientos dañinos, inútiles e impuros, y cultivando los frutos de pensamientos correctos, útiles y puros".

James Allen también dice lo siguiente:

"Cada semilla de pensamiento que sembramos y permitimos que eche raíces y crezca en nuestra mente, produce aquello que

constituye su esencia, florece y, tarde o temprano, produce sus propios frutos de oportunidad y circunstancias.

Buenos pensamientos producen buenos frutos, malos pensamientos dan malos frutos".

Muchas personas en el día de hoy no saben que nosotros podemos escoger cada uno de nuestros pensamientos; nadie y absolutamente nadie puede obligar a alguien a tener un pensamiento en su mente con respecto a algo. Nuestra mente nos pertenece y nadie puede pensar por nosotros, ese es nuestro privilegio y libertad. Dios nos ha dado la responsabilidad de escoger. La elección es una libertad, pero es también una responsabilidad.

Alguien dijo: *"No puedo evitar que los pájaros vuelen sobre mi cabeza, pero sí que estos hagan su nido".* Lo negativo y pesimista siempre estará a nuestro alrededor, más nosotros tenemos que decidir, pensar y meditar en lo positivo y correcto.

Tenemos la capacidad de hacer que nuestra vida sea mejor cada día, al escoger mejores pensamientos.

Ralph Waldo Emerson dijo: *"Un hombre es aquello en lo que piensa todo el día".*

Como mencioné en capítulos anteriores, gran parte del éxito o fracaso en la vida comienza en nuestra mente y esta va a ser influenciada por lo que nos permitimos pensar.

Ya es momento que se tome el control de los pensamientos y se empiece a considerar lo que se está pensando. Necesitamos pensar en lo que debemos pensar y no en cualquier cosa que se nos pase por la mente. No podemos pretender que tratando nuestra mente como un tinaco de basura a la cual arrojamos toda la porquería y desperdicio de pensamientos que andan por ahí, vamos a lograr obtener una mente sana y productiva. Es importante que siempre recordemos lo que Pablo le dijo a la iglesia de Galacia: *"Todo lo que el hombre sembrare, eso también segará"* (**Gálatas 6:7**), esta verdad va a tener una aplicación para todas las áreas de nuestra vida y la mente no está exenta de esto.

Nuestros pensamientos son las semillas de lo que ocurrirá en nuestra vida, y todos nosotros somos responsables de estas semillas.

La mente es uno de los regalos más grandes que Dios nos ha dado, y por el gran poder creativo y destructivo que tiene en nuestra vida, debemos cuidarla y administrarla de la mejor manera.

La Palabra de Dios nos muestra claramente en lo que debemos emplear nuestro tiempo pensando:

> *"Por lo demás, hermanos, todo lo que es verdadero, todo lo honesto, todo lo justo, todo lo puro, todo lo amable, todo lo que es de buen nombre; si hay virtud alguna, si algo digno de alabanza, en esto pensad."*
> *(Filipenses 4:8)*

"Nuestros pensamientos son las semillas de lo que ocurrirá en nuestra vida, y todos nosotros somos responsables de estas semillas"

El Señor, más que nadie, conoce bien la relación estrecha que existe entre el nivel de pensamiento y el nivel de progreso en la vida de las personas, y por tal razón, nos llama siempre a pensar en lo correcto, lo bueno, lo agradable y lo positivo. Esto no es una opción para nosotros, sino un mandato.

Yo creo que no hay nadie más positivo que Dios, no existe nada negativo en Él, su Palabra es una evidencia clara de esto. Veamos unos cuantos pasajes como ejemplo de esta verdad:

"amado, yo deseo que tú seas prosperado en todas las cosas, y que tengas salud, así como prospera tu alma". (Juan 3:2)

"porque yo sé los pensamientos que tengo acerca de vosotros, dice Jehová, pensamientos de paz, y no de mal, para daros el fin que esperáis". (Jeremías 29:11)

"forjad espadas de vuestros azadones, lanzas de vuestras hoces; diga el débil: fuerte soy". (Joel 3:10)

"te pondrá Jehová por cabeza, y no por cola; y estarás encima solamente, y no estarás debajo, si obedecieres los mandamientos de Jehová tu dios, que yo te ordeno hoy, para que los guardes y cumplas." (Deuteronomio 28:13)

"más la senda de los justos es como la luz de la aurora, que va en aumento hasta que el día es perfecto" (Proverbios 4:18)

"mira que te mando que te esfuerces y seas valiente; no temas ni desmayes, porque Jehová tu dios estará contigo en dondequiera que vayas". (Josué 1:9)

y aunque tu principio haya sido pequeño, tu postrer estado será muy grande". (Job 8:7)

El pensar positivamente nos va a llevar también a construir una actitud optimista frente a la vida. El optimismo se define como el valor que nos ayuda a enfrentar las dificultades con buen ánimo y perseverancia, descubriendo lo positivo que tienen las personas y las circunstancias, confiando en nuestras capacidades y posibilidades con la ayuda que podamos recibir. Es la tendencia a esperar que el futuro depare resultados favorables.

La principal diferencia que existe entre una actitud optimista y una pesimista, consiste en el enfoque con el que se valoran las cosas. Uno, se empeña en descubrir los inconvenientes, dificultades y problemas; mientras que el otro, hace el mismo esfuerzo, pero para encontrar soluciones, ventajas y posibilidades.

Usted es el resultado no solo de sus experiencias, sino también de la actitud tomada hacia estas experiencias. Las personas están limitadas no por su lugar de nacimiento, ni por la familia de la que provienen, sino por la actitud que estas tienen.

El optimismo es una de las cualidades más poderosas del pensador positivo. Las personas optimistas son las que logran alcanzar lo que quieren, estas solo ven el éxito y rechazan toda idea de fracaso en sus mentes. Para una persona optimista, el fracaso no es una opción.

"Las personas están limitadas no por su lugar de nacimiento, ni por la familia de la que provienen, sino por la actitud que estas tienen"

La expresión *"si se puede"* fue acuñada por el gran líder campesino Cesar Chávez, en su lucha por los derechos laborales de los trabajadores agrícolas en Estados Unidos.

"Si se puede", le acompañó y le dio fuerza para continuar a pesar de las constantes amenazas, y de la represión que sufrió antes de lograr su sueño: *darle vida al primer sindicato campesino en los Estados Unidos.*

Por más de tres décadas, Cesar Chávez condujo el UFW (Sindicato de Agricultores Unidos por América) consiguiendo dignidad, respeto, salarios justos, cobertura médica, ventajas de pensión, y condiciones de vida humanas, así como otros derechos y protecciones para miles de trabajadores de agricultura.

El liderazgo de Cesar Chávez logró que en el año de 1975, se aprobara el Acta de Relaciones de Trabajo de Agricultura en California para proteger a los trabajadores del campo.

Los grandes logros y triunfos a través de toda la historia han sido realizados siempre por gente optimista, con una actitud y forma de pensar diferente a la de las personas promedio.

Gente pesimista, con actitudes y pensamientos negativos, solo van a lograr obtener el fruto de sus pensamientos *"fracaso"*. Mentes positivas producen resultados positivos. Mentes negativas producirán resultados negativos. Los pensamientos positivos (optimistas) están siempre llenos de fe y esperanza. Los pensamientos negativos (pesimistas) están siempre llenos de temor y de dudas. El optimista tiene siempre un proyecto, el pesimista al contrario siempre tendrá una excusa.

Dwight Eisenhower dijo: *"El mundo pertenece a los optimistas; los pesimistas son meros espectadores".*

Mire cuidadosamente lo que dice el siguiente anónimo acerca del optimismo:

- Ser optimista es sacar lecciones de todas las situaciones.

- Es mantener la serenidad tanto en momentos de resultados favorables como en situaciones difíciles.

- Es conservar la paz interior, así en los éxitos como en los fracasos.

- Es aprender de los propios errores, manteniendo en estos casos el equilibrio interior.

- Es trabajar por la paz en un ambiente de guerra.

- Es mirar en todo lo óptimo, lo aprovechable, y decidir trabajar para cambiar la miseria moral por la más probada honestidad.

- El optimista expresa con firmeza su voluntad de afirmación positiva y su seguridad en sí mismo.

Es importante que cada cierto periodo de tiempo nos hagamos algunas preguntas esenciales para saber qué clase de actitud estamos teniendo en frente a la vida.

¿Encuentro siempre lo mejor en una mala situación?

¿Me desaliento fácilmente y me doy por vencido en el momento que la situación parece ir por el camino equivocado? ¿Supongo que nunca obtendré lo mejor que la vida ofrece? ¿Espero siempre lo peor para así no sentirme decepcionado?, o Estoy siendo una de esas personas que por naturaleza sabe que siempre hay cosas buenas esperándole?

El Dr. Norman Vincent Peale, frecuentemente llamaba al optimismo una expectativa positiva creativa. A esta expectativa positiva creativa la Palabra de Dios le llama fe, y es necesario recordar siempre que todos nosotros somos llamados a vivir por fe y no por las circunstancias (2 Co 5:7).

Desarrolla el hábito de pensar positivamente ante cada situación que te encuentres. No importa si lo que está sucediendo en tu vida en este momento no es lo que tú deseas, espera que Dios traiga algo bueno de eso. Recuerda siempre lo que él prometió en su Palabra:

"y sabemos que a los que aman a Dios, todas las cosas les ayudan a bien, esto es, a los que conforme a su propósito son llamados". (Romanos 8:28)

Esta Escritura no promete que todo nos saldrá como nosotros queremos y esperamos, pero sí que Dios va a hacer que todas las cosas obren para nuestro bien. Aún, cuando nosotros no entendamos en el presente lo que está sucediendo.

Nunca olvides lo siguiente:

"Si Dios va a hacer algo en tu vida, en este momento es por la fe y no por ser realista. La fe es el poder de una vida positiva, hace realizables las cosas y convierte el fracaso en éxito; así que cambia tu manera de pensar, cultivando pensamientos positivos y conviértete en una persona optimista, llena de fe". *"El justo por la fe vivirá"* **(Habacuc 2:4)**

Por otro lado, cada vez que a través de la Biblia usted observa que Dios quería hacer algo grande con una persona, en lo primero que tenía que enfocarse era en lograr cambiar su mentalidad. Al profeta Jeremías cuando lo llamo le dijo: *"No digas: Soy un niño"*. Esa palabra "decir" en el hebreo es "amar" que significa: *"meditar, considerar, razonar, y pensar"*. En otras palabras, lo que el Señor le estaba diciendo a Jeremías era: *"No pienses en pequeñeces, porque voy a hacer grandes cosas contigo."* Esta misma palabra de desafío el Señor nos la da en este día a nosotros. Cambiemos nuestra manera de pensar, que el Señor tiene cosas más grandes de lo que nosotros imaginamos y pensamos preparadas para nuestra vida.

"Si Dios va a hacer algo en tu vida en este momento es por la fe y no por ser realista"

108

John C. Maxwell dice lo siguiente:

> *"La mente humana puede cambiar; de hecho, es una de las cosas que mejor sabe hacer, siempre y cuando usted esté dispuesto a hacer el esfuerzo de cambiar su manera de pensar".*

Para concluir este capítulo quiero exhortarle a que empiece a administrar adecuadamente sus pensamientos y que lleve cautivo todo pensamiento negativo, de fracaso, de derrota, y de enfermedad a la obediencia de Cristo. Cada vez que esté tentado a entretener esta clase de pensamientos en su mente; levántese con autoridad en el nombre de Jesús y repréndalos, no podemos tomar una actitud pasiva con esto, es hora que comencemos a llevar nuestra mente a la mente de Cristo (**I Corintios 2:16**).

Cuando intencionalmente nosotros pensamos y vivimos de manera positiva, nuestra vida puede cambiar para bien. Sus pensamientos moldean su manera de vivir más que cualquier otra cosa.

Benjamin Disraeli declaró lo siguiente:

"Alimenta grandes pensamientos, pues nunca llegarás más alto que tus pensamientos".

¿Qué implementarás en tu vida para administrar correctamente tus pensamientos?

_____
_____
_____
_____
_____
_____
_____
_____
_____
_____
_____
_____

¿Te desalientas fácilmente y das por vencido cuando experimentas dificultades o las enfrentas por la fe?

_____
_____
_____
_____
_____
_____
_____
_____
_____

Capítulo 8

NUESTRAS CONVERSACIONES INTERNAS NOS CONSTRUYEN O DESTRUYEN

NUESTRAS CONVERSACIONES INTERNAS NOS CONSTRUYEN O DESTRUYEN

Una de las cosas que será determinante en el avance o el estancamiento de nuestras vidas son las conversaciones internas que permanentemente tenemos con nosotros mismos. Tenga mucho cuidado con su voz interior. Tenga mucho cuidado en cómo interpreta aquellas cosas que le suceden. Tenga cuidado en cómo se trata a usted mismo, ese discurso interno que tiene con usted mismo es de suma importancia.

Tanto las voces interiores cómo las exteriores pueden resultar igual de perjudiciales para nuestra mente y cuerpo, pero nuestra voz interior es la más importante e influyente de todas.

Todos los días con nuestra conversación interior nos encontramos juzgando y evaluando nuestras vidas. Esas conversaciones internas que permanentemente tenemos con nosotros mismos deben estar sujetas a la vida del espíritu y a la Palabra de Dios; y no a nuestras emociones, estados de ánimo u opiniones de otras personas.

Pensamientos y juicios cómo: "Yo no sirvo, soy un fracasado, nunca lograré salir adelante, nadie me quiere, nadie me valora, nunca lograré ser feliz, no me recuperaré de esta enfermedad, yo le caigo mal a todo el mundo, todo me sale mal, etc; son conversaciones, juicios y pensamientos internos que necesitamos eliminar de nuestras vidas ya que, nos llevarán al fracaso y a vivir fuera de la buena voluntad de Dios.

Debemos tener mucho cuidado y ser intencionales en evitar el autoboicot o autosabotaje de nuestras conversaciones internas. A través de nuestras conversaciones internas que tenemos permanentemente nos construimos o autodestruimos. Nos sanamos o nos enfermamos. Que nuestra voz interior nos apoye y nos anule. Muchas veces por el mal gestionamiento de nuestra voz interior fracasamos antes incluso de haber iniciado nuestros proyectos.

William James, el gran psicólogo que transformó toda la psicología anglosajona dijo: *"Somos cada uno de nosotros con nuestras conversaciones internas los que cuando nos caemos determinamos y decidimos si nos hemos caído en un bache o en una tumba"*.

Nuestra voz interior debe estar de acuerdo a la Palabra de Dios todo el tiempo. Nuestra voz interior debe ser un recurso de fe, gracia y esperanza a nuestras vidas y no un generador de temor, duda, desesperanza, tristeza y fracaso. Muchas veces somos nosotros mismos con nuestra manera de pensar incorrecta, quienes nos limitamos de vivir nuestras vidas en la plenitud de la buena Voluntad de Dios para nosotros.

Vayamos el siguiente pasaje de los evangelios y miremos cómo el manejo correcto de nuestra voz interior será deter-

minante para recibir todo lo que la gracia providencial de
Dios tiene para nuestras vidas:

*"Pero una mujer que desde hacía doce años padecía de
flujo de sangre, y había sufrido mucho de muchos mé-
dicos, y gastado todo lo que tenía, y nada había apro-
vechado, antes le iba peor, cuando oyó hablar de Jesús,
vino por detrás entre la multitud, y tocó su manto. Porque decía: Si tocare tan solamente su manto, seré salva.
Y en seguida la fuente de su sangre se secó; y sintió en
el cuerpo que estaba sana de aquel azote. Luego Jesús,
conociendo en sí mismo el poder que había salido de él,
volviéndose a la multitud, dijo: ¿Quién ha tocado mis
vestidos? Sus discípulos le dijeron: Ves que la multitud
te aprieta, y dices: ¿Quién me ha tocado? Pero él miraba
alrededor para ver quién había hecho esto. Entonces la
mujer, temiendo y temblando, sabiendo lo que en ella
había sido hecho, vino y se postró delante de él, y le dijo
toda la verdad. Y él le dijo: Hija, tu fe te ha hecho salva;
ve en paz, y queda sana de tu azote."*

Cómo vemos este es uno de los milagros más conocidos de
los evangelios realizados por Jesús *"La sanidad de la mujer
del flujo de sangre"*. Ahora bien; quiero que prestemos atención a la clase de voz interior y conversación interna que esta
mujer tenía permanentemente. Dice la palabra que ella se
decía a sí misma *"Si tocaré tan solamente su manto, seré salva"*. La conversación interior que esta mujer tenía era una
conversación de fe, esperanza, sanidad, salvación y bienestar

futuro. Y como resultado, recibió la gracia providencial de ayuda que en ese día estaba preparada para ella.

Necesitamos ser intencionales y prestar mucha atención a nuestras conversaciones internas, juicios personales, y la voz dominante interior que interpreta todas las cosas que nos suceden.

Independientemente de cuáles sean tus circunstancias presentes o las dificultades que te están tocando enfrentar, hay una gran realidad que nunca debemos perder de vista: *"Todos los días Dios en su gracia tiene preparado bondades y misericordias nuevas para que podamos disfrutar y enfrentar nuestro diario vivir (Lamentaciones 3:22-23)"*. Pero muchas veces dejamos de aprovecharlas por mantener la actitud incorrecta que viene gobernada por esas conversaciones internas, no sujetas a la Palabra de Dios y la Buena Voluntad de Dios para nuestras vidas.

Una de las formas principales a través de la cual podemos afectar nuestra voz interior y realizar conversaciones internas que nos lleven a la fe, esperanza, confianza y gratitud permanente, es cuando vivimos conscientes de la presencia incondicional del Amor, la Fidelidad y la Gracia providencial de Dios en nuestras vidas. Para mayor conocimiento de esta, te recomiendo mi devocional #52 Reflexiones del Amor, la Fidelidad y la Gracia Providencial de Dios. Será de gran bendición y edificación para tu vida.

En el libro de Josué capítulo 1 verso 5, Dios le dice a Josué algo que sería de suma importancia a tomar en cuenta para la conquista de la tierra prometida: *"Como estuve con Moisés estaré contigo, nunca te dejaré ni te desampararé bajo ninguna circunstancia"*.

Escuche bien: "De aquello que vivamos permanentemente conscientes, será aquello que gobernará nuestras conversaciones internas".

> **"De aquello que vivamos permanentemente conscientes, será aquello que gobernará nuestras conversaciones internas"**

El problema de muchos creyentes es que viven más conscientes de sus luchas, problemas, carencias y dificultades que de la gracia providencial de Dios en sus vidas

Vivir conscientes de la presencia de Dios, su gracia, fidelidad, bondad y misericordia para nuestras vidas, será determinante en nuestro avance y progreso integral.

Usted y yo no estamos solos, nunca hemos estado solos. Dios siempre ha estado con nosotros, pero debemos vivir conscientes de esa presencia maravillosa de gracia, poder y amor en nuestras vidas.

En la mayoría de las veces que la Palabra de Dios nos habla de no tener temor y suele ir acompañada de la promesa "porque yo estoy contigo". Esto quiere decir que El temor en

117

nuestras vidas se vence viviendo conscientes de la Presencia incondicional de gracia, poder y amor de Dios en nosotros.

Mire lo que dicen las escrituras:

"No temas, porque yo estoy contigo; no desmayes, porque yo soy tu Dios que te esfuerzo; siempre te ayudaré, siempre te sustentaré con la diestra de mi justicia". **Isaías 41.10**

"¿Qué, pues, diremos a esto? Si Dios es por nosotros, ¿quién contra nosotros?" **Romanos 8.31**

Convéncete de esta verdad en este día y deja que tus conversaciones internas sean gobernadas por ella: "Comparado con Dios que está con nosotros y por nosotros, cualquier enemigo o problema que podamos enfrentar es nada"

Cambiemos nuestras conversaciones internas, que sean conversaciones de edificación, sanidad, confianza y fortaleza para nuestras vidas; y no un medio productor de temor, desesperanza y aflicción. Permítanos que el asombro por la presencia incondicional de la gracia, el amor y el favor de Dios en nuestras vidas sea quien gobierne nuestro diálogo interior en todo momento. Tengamos nuestra voz interior sujeta a la Palabra de Dios y a la guía del Espíritu Santo para experimentar de esta manera la plenitud de la buena voluntad de Dios para nuestras vidas.

"Pero de día mandará Jehová su misericordia, y de noche su cántico estará conmigo, y mi oración al Dios de mi vida."

¿Son tus conversaciones internas de edificación?

_____
_____
_____
_____
_____
_____
_____
_____
_____
_____
_____
_____
_____

¿Cómo puedes mejorar ese diálogo interior según lo aprendido? Explique

_____
_____
_____
_____
_____
_____
_____
_____
_____
_____
_____

PALABRAS FINALES

PALABRAS FINALES

Como usted ha podido leer a través de todo este libro, los expertos y estudiosos del campo de la mente han podido demostrar de una manera eficiente y precisa, la importancia del pensamiento positivo en la vida de las personas, y su estrecha relación con la calidad de vida de las mismas.

Después de tener este concepto claro, quiero someter la siguiente pregunta: ¿Si es verdad que el pensamiento positivo influye en nuestra vida para bien, cuán más grande beneficio nos dará el pensar a diario en la positiva Palabra de Dios?

El Rey David con frecuencia nos hablaba sobre aquello en lo que él empleaba su tiempo pensando y meditando:

«*En tus mandamientos meditaré; consideraré tus caminos, me regocijaré en tus estatutos; no me olvidaré de tus palabras*». (*Salmo 119:15-16).

¿En qué emplea su tiempo pensando? ¿Qué tipo de pensamientos está permitiendo que gobiernen su mente? ¿Qué clase de mentalidad está formando a diario en su vida?

Déjeme decirle lo siguiente: conforme usted medite en las promesas de la Palabra de Dios, será lleno de esperanza. Se desarrollará una actitud positiva de fe y llegará a usted la victoria. Nuestro desafío a diario es poder alinear nuestros

123

pensamientos a los pensamientos de Dios expresados a través de su Palabra.

La renovación de nuestra mente no es una opción o una alternativa más, es una decisión que tenemos que tomar a diario. El conocimiento ya lo tenemos, es hora de pasar del conocimiento a la acción y dejar de estar dando excusas y pretextos.

El conocimiento sin la acción es una simple fantasía. John C. Maxwell dice: *"Hoy, su vida es el resultado de lo que pensó ayer; y mañana, su vida estará determinada por lo que piensa hoy".*

Hoy es el mejor día para que comience un cambio en su manera de pensar; Porque esperar más tiempo para empezar a gozar de los beneficios de una mente renovada.

"La renovación de nuestra mente no es una opción o una alternativa más, es una decisión que tenemos que tomar a diario"

Recuerde siempre esta verdad: *"Si usted puede renovar y cambiar su mente; entonces Dios podrá transformar su vida".*

Quiero terminar este libro con un pensamiento sabio que un día leí:

"Al final, es importante recordar que no podemos llegar a ser lo que necesitamos ser si permanecemos como somos"

Max Depree

Índice Alfabético

Bibliografía

Anderson, Neil T., Victoria Sobre La Oscuridad © 2002 Editorial Unilit, Impreso en Colombia

ISBN 0-7899-1253-8

Caballeros, Harold, El Poder Transformador del Evangelio de Jesucristo, © 2003 Editorial Peniel, Impreso en Colombia

ISBN 987-557-011-7

Gungor, Ed, Hay Mucho Más Sobre El Secreto © 2007 Grupo Nelson, Impreso en EE.UU.

ISBN-13 978-1-60255-095-7

Maldonado, Guillermo, La Generación del Nuevo Vino © 2003 GM Ministries, Impreso en Miami, Florida

ISBN 1-59272-016-1

Maxwell C. John, Desarolle el Líder que Está en Usted © 1993 Editorial Caribe, Impreso en EE.UU.

ISBN 0-88113-293-4

Maxwell C. John, Lo Que Marca La Diferencia

© 2006 Grupo Nelson, Impreso en EE.UU.

ISBN 0-88113-310-8

Meyer, Joyce, El Campo de Batalla de la Mente © 1997 Editorial Unilit, Impreso en Colombia

ISBN 0-7899-1081-0

Osteen, Joel, Su Mejor Vida Ahora © 2005 Joel Osteen, Traducido/Editado por Casa Creación ISBN 978-1-59185-480-7, Impreso en EE.UU.

Pérez, J. Eduardo, El Proceso Hacia Una Vida Abundante © 2008, Editorial Unili, Impreso en Colombia ISBN 0-7899-1574-X

Strong James, L.L.D, S.T.D., Concordancia Strong Exhaustiva de La Biblia © 2002 Editorial Caribe/Grupo Nelson ISBN 0-89922-382-6, Impreso en E.E.UU.

Dan Kenneth Bernal

Es el Pastor Principal y fundador del Ministerio Casa de Poder Broward desde hace 14 años. Es escritor del libro "52 Reflexiones del Amor, Fidelidad y la Gracia providencial de Dios". En su ministerio como conferencista a tenido la oportunidad de llevar un mensaje de gracia y amor a Estados Unidos y los diferentes paises de Latinoamerica. En la actualidad el Pastor Dan Kenneth Bernal reside en la ciudad de Miramar, Florida junto a su esposa Yessenia Bernal y sus tres hijos Kevin Daniel, Jonathan y Jeremy.

Ministerio Casa de Poder Broward

6950 Stirling Rd
Davie, Fl 33024

Correo electrónico
casadepoderbroward@gmail.com

@dankennethbernal
@casadepoderbroward

Adquiera ya el otro libro del pastor Dan Kenneth Bernal

WWW.EDITORIALZOE.COM

Made in the USA
Middletown, DE
01 September 2024

60289184R00080